JN434973

고전 읽기의 즐거움

플라톤

『심포시온』

저자 소개

성균관대학교 철학과와 같은 대학교 대학원 철학과를 졸업했다. 1993년 독일 뮌헨 대학교에서 플라톤 철학 주제로 철학박사학위를 받았으며, 1996년 이래 전남대학교 철학과에서 학생들을 가르치고 있다. 현재 전남대 철학과 명예교수이다. 2008년 9월부터 2009년 8월까지 독일 튀빙엔대학교 방문교수를 지냈다. 주요 관심분야는 서양고대철학과 형이상학이다.

지은 책으로는 『플라톤 철학과 그 영향』(공저, 서광사 2001), 『생각하고 토론하는 서양철학 이야기 1: 고대 - 서양철학의 탄생』(책세상 2006), 『철학, 문화를 읽다』(공저, 동녘 2009), 『철학의 전환점』(공저, 프로네시스 2012), 『죽음을 생각한다는 것 - 고대희랍의 죽음 이해』(모시는 사람들 2015), 『플라톤의 그리스 문화 읽기』(공저, 아카넷 2020) 등이 있다.

옮긴 책으로는 『대화의 철학 소크라테스』(한길사 2004), 『진리의 현관 플라톤』(한길사 2004), 『지중해 철학기행』(효형출판 2007), 『플라톤 철학과 헬라스 종교』(아카넷 2011), 『철학적 사유의 근본 주제들 1』(공역, 전남대출판문화원 2018), 『철학적 사유의 근본 주제들 2』(공역, 전남대출판문화원 2021) 등이 있다.

고전 읽기의 즐거움

플라톤 『심포시온』

2023년 8월 25일 인쇄
2023년 8월 31일 발행

지은이 | 이강서
펴낸이 | 김광석

펴낸곳 | 전남대학교출판문화원
주　소 | 61186 광주광역시 북구 용봉로 77
전　화 | (062) 530-0571～3　팩스 | (062) 530-0579
등　록 | 1981. 5. 21. 제53호
홈페이지 | http://www.cnup.co.kr
이메일 | cnup0571@hanmail.net

값 10,000 원

ISBN 978-89-6849-984-5 (92160)

PLATON *SYMPOSION*

플라톤
『심포시온』

—고전 읽기의 즐거움—

이강서

전남대학교출판문화원

머리말

고전 중의 고전

세상에는 많은 책이 있다. 한 순간 반짝하고 이내 잊히고 마는 허다한 책들과는 달리 세월이 아무리 흘러도 마치 마르지 않는 샘처럼 줄곧 새롭고 풍부한 지혜를 열어 보이는 책들이 있다. 우리는 이런 책들을 가리켜 '고전classic(古典 : 라틴어 classicus)'이라고 한다. 영어 단어 클래식classic은 명사로 쓰이기도 하고, classic music이나 classic literature의 경우처럼 형용사로 쓰이기도 한다. 형용사 클래식classic은 "첫 손가락에 꼽히는 부류에 속하고of the first class", "최고의 가치 서열에 해당한다of the highest rank"는 것을 드러낸다. 이 고전이야말로 인류 공동의 자산으로서 하나의 종種인 인간이 후세에 물려주는 정보 중에서도 고도로 집약된 지혜의 알맹이라고 할 수 있다. 그런데도 사람들은 고전을 즐겨 인용하고 존중하는 척하면서도 정작 읽으려 들지는 않는다. 사실 고전은 술술 읽히고 금세 이해되는 책이 아니다. 그래서 사람들은 고전古典은 고전苦戰하게 만든다고들 한다. 또 고전은 평생에 걸쳐 되풀이 읽게 되고 그때마다 다르게 받아들여지기도 한다. 한 번 읽어서 족한 책이라면 시간 죽이기에는 좋을지 몰라도 읽는 이의 삶을 풍요롭게 하거나 경우에 따라서는 송두리째 바꾸어 놓지는 못한다. 플라톤의 『국가*Politeia*』, 『심포시온*Symposion*』, 『파이돈*Phaidōn*』 등은 오랜 세월에 걸쳐 많은 사람에 의해 읽혔고 서양의 고전 중의 고전으로 꼽힌다.

한때 시사주간지 「뉴스위크」나 「타임」을 옆구리에 끼고 다니는 것이 대학생 신분의 지표로 여겨지기도 했다. 언젠가 미국 시사주간지 「타임」이 엉뚱하고도 희한한 여론 조사를 한 적이 있다. 세상에 도서관이 단 하나밖에 없다고 가정해 보자. 그 도서관에 불이 났다. 당신은 오직 단 한 권의 책만을 품에 안고 탈출할 수 있다. 당신이 지금 구하지 못한 책들은 더 이상 인류에게 전승될 수 없다. 당신은 어떤 책을 구하겠는가? 조사에 응한 미국 시민들이 1순위로 꼽은 책은 『성서』였다고 한다. 물론 미국인들에게 물어서 나온 결과여서 그럴 것이다. 가령 한국이나 중국 사람들에게 물었다면 대답이 다를 수 있을 것이다. 대학에서 강의하면서 만일 「타임」이 한국 대학생을 상대로 조사했다면 판타지 소설 『드래건 라자』가 압도적으로 1위를 차지했을 것이라고 말한 적이 있다. 고전을 읽지 않는 풍조를 비판한 것이다. 「타임」 조사에서 2위 자리에 오른 책은 무엇이었을까? 플라톤의 『국가』였다. 『심포시온』은 흔히 『국가』와 동급인 것으로 받아들여지니 『심포시온』이 「타임」 조사 2위라고 해도 이상하지 않을 것이다.

플라톤 『심포시온』의 부제는 '사랑', 희랍어로 에로스erōs이다. 이때의 에로스, 첫 글자를 소문자로 시작하는 에로스는 보통명사이다. 첫 글자를 대문자로 시작하는 에로스Erōs가 있다. 이 에로스는 고유명사로서 그리스 신화의 에로스 신이다. 에로스는 아프로디테의 아들로서 '사랑의 신'이다. 흔히 『심포시온』은 '사랑'을 다루는 책으로서는 『성서』 다음으로 널리 읽혔다고들 말한다. '플라토닉 러브Platonic love'라는 표현이 있다. '플라토닉 러브'는 '플라톤이 생각하는 사랑', '플라톤이 말하는 사랑'이요, 여러 대화편들 가운데 집중적으로 '사랑'을 거론하는 대화편은 『심포시온』, 『파이드로스』, 『리시스』인데 역시 『심포시온』이 단연 첫 손에 꼽힌다. 그러니 '플라토닉 러브'라는 표현에 대한 정확하고도 의미 있는 이해는 '플라톤이 『심포시온』에서 보여주는 사랑'이다.

■ 차례

1

왜 대화인가

PLATON ***SYMPOSION***

플라톤은 평생에 걸쳐 글을 썼고 그 결과 많은 저술을 남겼다. 로마의 키케로Cicero는 플라톤을 두고 “쓰면서 죽었다”, “쓰다가 죽었다mortuuns scribens”고 했다. “쓰면서 죽었다”는 표현을 조금 바꾸면 “죽으면서까지 썼다”는 것이 된다. 그가 남긴 저술들은 형식적으로 매우 독특하다. 마치 연극 대본처럼 등장 인물 사이의 대화로 되어 있다. 그래서 우리는 그의 작품들을 ‘대화편(희랍어 dialogos, 영어 dialogue, 독일어 Dialog)’이라고 부른다. 희랍어 ‘디알로고스dialogos’는 ‘로고스를 주고 받는 것’을 말한다. 플라톤이 남긴 대화편들을 연구자들은 그 성립 시기에 따라 ‘초기 대화편’, ‘중기 대화편’, ‘후기 대화편’으로 분류한다. 『소크라테스의 변론』, 『크리톤』, 『라케스』 등 초기 대화편들은 플라톤이 자신의 스승 소크라테스를 세상에 알리겠다는 의도가 강하게 드러난 것들로서 ‘소크라테스적 대화편’이라고도 불린다. 이 초기 대화편들에는 흔히 플라톤 철학의 핵심으로 받아들여지는 이른바 ‘이데아 이론’의 싹이 담겨 있는 것으로 평가된다. 『파이돈』, 『국가』, 『심포시온』은 중기 대화편들 가운데에서도 가장 중요하고도 오늘날에 이르기까지 가장 널리 읽힌 삼총사라 할 만하다. 바로 이 세 대화편에 고전적 형태의 '이데아 이론'이 가장 잘 드러난다. 그런가 하면 『파르메니데스』, 『테아이테토스』, 『필레보스』 등 후기 대화편은 말년의 플라톤 철학이 담긴 것으로서 중기에 확립된 '이데아 이론'의 응용과 적용을 시도한다는 성격이 강하다. 초기 대화편에서 중기 대화편을 거쳐 후기 대화편에 이르는 동안 우리는 소크라테스 영향력이 변화하는 것을 알 수 있다. 초기 대화편에서는 소크라테스가 대화를 주도하고, 중기 대화편에서는 소크라테스와 대화 상대방이 거의 대등하게 주장을 주거니 받거니 하다가, 후기 대화편에서는 오히려 소크라테스의 대화 상대방이 주로 의견을 개진하고 소크라테스가 이에 반응하는 모습을 보이다가 급기야 마지막 작품 『법률』에는 소크라테스가 등장하지 않는다.

오늘날 우리는 모두 26 내지 27편의 대화편을 전승받고 있다. 26편 혹은 27편이라고 확정적으로 말하지 못하고 애매하게 '26 내지 27편'이라고 말하는 이유가 있다. 『히피아스』라는 이름을 가진 두 대화편이 존재한다. 그래서 연구자들은 어느 하나는 『대 히피아스*Hippias meizōn, Hippias major*』로, 다른 하나는 『소 히피아스*Hippias ellatōn, Hippias minor*』로 불러 구별한다. 그런데 이 『대 히피아스』를 두고는 오랜 연구에도 불구하고 진작眞作이라는 의견과 위작僞作이라는 의견이 팽팽히 맞선다. 그러니까 『대 히피아스』를 진작으로 보면 플라톤 대화편은 27편이요, 위작으로 보면 26편이 되는 것이다. '26편 내지 27편'이라고 애매하게 표현할 수밖에 없는 이유이다. 오랜 세월 동안의 연구로 학자들이 합의에 이른 플라톤 대화편 목록은 다음과 같다. 플라톤은 이 목록의 순서대로 집필했을 것으로 보인다.

초기 대화편

『소크라테스의 변론*Apologia Sokratous*, 줄여서 *Apologia*』, 『크리톤*Kritōn*』, 『라케스*Lachēs*』, 『리시스*Lysis*』, 『카르미데스*Charmidēs*』, 『에우티프론*Euthyphrōn*』, 『소 히피아스*Hippias ellatōn*』, 『대 히피아스*Hippias meizōn*』, 『프로타고라스*Prōtagoras*』, 『고르기아스*Gorgias*』, 『이온*Iōn*』

중기 대화편

『메논*Menōn*』, 『파이돈*Phaidōn*』, 『국가*Politeia*』, 『심포시온*Symposion*』, 『파이드로스*Phaidros*』, 『에우티데모스*Euthydēmos*』, 『메넥세노스*Menexenos*』, 『크라틸로스*Kratylos*』

후기 대화편

『파르메니데스*Parmenidēs*』, 『테아이테토스*Theaitētos*』, 『소피스테스*Sophistēs*』, 『폴리티코스*Politikos*』, 『티마이오스*Timaios*』, 『크리티아스*Kritias*』, 『필레보스*Philēbos*』, 『법률*Nomoi*』

연구자들은 각 대화편의 '연대기적 시기chronological date'와 '사건의 시기dramatic date'를 구별한다. 앞에 제시한 목록의 순서는 '연대기적 시기'를 드러낸다. 그러니까 플라톤은 그의 글쓰기 인생에서 맨 처음에 『소크라테스의 변론』을 썼고, 그 다음으로는 『크리톤』을, 또 그 다음으로는 『라케스』를 썼다. 이와는 다른 것이 '사건의 시기'이다. 예컨대 4부작tetralogia으로 묶이는 『에우티프론』, 『소크라테스의 변론』, 『크리톤』, 『파이돈』을 보자. '연대기적 시기'로는 『소크라테스의 변론』이 맨 앞에 오고, 그 다음이 『크리톤』, 그 다음이 『에우티프론』, 맨 마지막이 『파이돈』이다. 앞서 4부작의 순서와는 다르다. 이 4부작의 순서가 '사건의 시기'에 따른 순서이다. 소크라테스는 재판을 받으러 가는 길에 법정 앞에서 재판을 마치고 나오는 에우티프론을 만난다. 둘 사이의 대화가 『에우티프론』이다. 소크라테스가 피고로서 재판을 받는 과정이 『소크라테스의 변론』에 담긴다. 사형을 선고받은 소크라테스는 약 한 달간 감옥에 머문다. 소크라테스의 재판이 있던 날 델로스 섬을 향하는 아폴론 종교 사절단이 출발한다. 델로스 섬에서 아폴론 제사를 마치고 아테네에 귀환하기까지 약 한 달이 걸린 셈이다. 당시 아테네에서는 이 종교 사절단의 왕복 항해가 매우 중요한 일이어서 이 기간 동안 사형의 집행이 연기되었다. 그 사이 소크라테스가 감옥에서 동년배이자 고향 사람인 크리톤과 나눈 대화가 『크리톤』에 담긴다. 흔히 소크라테스가 "악법도 법이다"라고 했다고들 한다. 사실이 아니다. 소크라테스가 그렇게 말했다면 문맥상 『크리톤』에 들어 있어야 한다. 그러나 없다. '준법정신'이니 '법실증주의'를 이야기하면서 "소크라테스가 말했듯 악법도 법이다"라고 말하는 것은 소크라테스가 하지도 않은 말을 꾸며내 억지를 부리는 일이다. 결국 종교 사절단이 아테네에 도착한 다음날 소크라테스의 형이 집행된다. 이날 평소보다 이른 시간에 제자들이 감옥으로 찾아와 소크라테스와 대화한다. 『파이돈』이다. 이처럼 앞 4부작의 순서는 '사건의 시기'에 따른 것이다.

대화편들의 제목은 어떻게 붙여졌을까? 초기 대화편 가운데 하나, 『소크라테스의 변론』, 중기 대화편 가운데 둘, 『국가』, 『심포시온』, 후기 대화편 가운데 셋, 『소피스테스』, 『폴리티코스』, 『법률』, 도합 여섯 편을 빼고는 모두 소크라테스와 대화 상대방 이름을 딴 것이다. 그러니까 『크리톤』은 소크라테스와 크리톤 사이의 대화요, 『파이돈』은 소크라테스와 파이돈 일행 사이의 대화요, 『파이드로스』는 소크라테스와 파이드로스 사이의 대화이다. 앞에서 열거한 여섯 대화편은 사람 이름을 따지 않았다.

엄격하고 엄밀한 것을 좋아하는 사람들은 『소크라테스의 변론』은 법정 연설로서 다른 대화편과는 구별되어야 한다고 주장하기도 한다. 그런 사람들에 따르면 플라톤 저술은 '1 편의 법정 연설과 25 내지 26 대화편'으로 구성된다고 하겠다. 『소크라테스의 변론』이 다른 대화편들과 다소 다른 것은 맞지만 여기에서도 소크라테스는 재판관들, 방청객들, 아테네 시민들과 대화한다는 생각으로 연설한다. 따라서 굳이 『소크라테스의 변론』만을 따로 떼어내는 것이 큰 의미가 있는 것 같지는 않다.

플라톤의 대화편들을 인용할 때에는 프랑스 사람 헨리쿠스 스테파누스Henricus Stephanus(프랑스 이름 Henri Étienne, 대략 1528/1531-1598)가 종교 탄압을 피해 제네바에 망명해 있으면서 1578년에 편찬해 낸 <플라톤 전집>의 쪽 수와 문단 표시 기호를 따르도록 약속되어 있다. 이를 '스테파누스 쪽 수Stephanus pages'라고 한다. 가령 '『국가』 451c'라면 플라톤 대화편 『국가』 451 쪽 c 문단(세 번째 문단)을 가리킨다.

철학자는 사유하고 그 사유의 결과를 글로 쓴다. 그런데 플라톤은 독특하게도 자신의 생각을 대화의 형식에 담아 내놓았다. 왜 플라톤은 다른 많은 사상가들이 그랬던 것처럼 우리가 흔히 보는 논문식의 글이 아니라 하필 대화편을 썼을까? 이 점을 이해하기 위해서는 다소 긴 설명이 필요하다.

한 사람이 자신의 생각을 다른 사람들에게 전달하는 방법에는 두 가지가 있다. 말로 하는 방법과 글로 하는 방법이 바로 그것이다. 그런데 무언가를 전달할 때 그 전달 받는 대상이 되는 사람들이 어떤 사람들이냐가 중요하다. 만일 이 글이 초등학교 학생들을 대상으로 하거나, 철학 교수들을 위한 것이라면, 이 글을 쓰는 사람은 다르게 써야만 할 것이다. 플라톤은 바로 이 점을 크게 염두에 두었다. 그는 철저하게 철학적 수련을 받은 소수의 사람들hoi oligoi과 철학적 작업과 무관한 다수의 사람들hoi polloi을 확연히 구분하고서, 엄격한 입문 과정을 거친 소수의 제자들에게는 그가 세운 아카데미아에서 구두로 강의하는 한편, 다수의 독서 대중을 위해서는 대화편을 썼던 것이다. 플라톤 철학에서는 소수의 사람들과 다수의 사람들 사이의 구별이 중요한 역할을 한다.

희랍인들은 그들의 문자 알파베트를 기원전 8 세기 중엽 페니키아인들에게서 받아들였다. 이 사건은 엄청난 결과들을 동반하였다. 희랍 문화는 실로 문자라고 하는 이 새로운 전달 수단의 등장에 결정적으로 힘입었다고 할 것이다. 그러나 모든 것에 빛이 있으면 그림자가 있듯이 문자 역시 부정적인 측면도 아울러 가져왔다. 어쨌거나 알파베트의 도입과 함께 종래의 '말 중심의 문화oral culture'는 이제 서서히 '글 중심의 문화literate culture'에로 이행한다. 이 대변동이 다름 아닌 플라톤이 살아 철학했던 시기에 그 절정에 다다른 것으로 볼 수 있다. 대변동의 시기에는 예외 없이 큰 철학이 나타난다. 위기가 심각하면 할수록 그에 대한 처방으로서의 깊은 사상이 요구되기 때문이다. 글 중심의 문화에로의 이행이 일단락된 상황에서, 글이 갖는 한계와 위험성을 직시한 대표적인 인물이 플라톤인 것이다. 그는 많은 글을 썼다. 심지어 그는 쓰면서 죽었다고까지 전해진다. 그런데 플라톤에 있어서의 글쓰기란 역설적이게도 글에 대한 저항인 것이다. 참으로 가치 있는 것에 대해 단 한 줄의 글이라도 적는다는 것이 가능한가의 물음에 플라톤은 힘주어

고개를 젓는다. 그의 스승 소크라테스는 단 한 줄의 글도 남기지 않았다. 그에게 있어서 철학함이란 대화하는 것이 전부이다. 소크라테스의 철학 정신으로부터 결정적인 영향을 받은 플라톤도 자신의 철학을 문자화한다는 점에 대해서 그리 달가워하지 않은 것으로 보인다. 그럼에도 불구하고 굳이 문자화해야 했을 때에 플라톤이 택한 형식이 대화편이다. 플라톤은 그의 대화편들에서 구두로 행해지는 소크라테스적 대화를 될 수 있는 대로 생생하게 모방하려고 시도하는 것이다. 결국 그가 남긴 대화편들은 살아 숨 쉬는 말을 글이라는 수단을 통해서 생명력을 유지하도록 하려는 안간힘의 소산이라고 하겠다.

철학사를 둘러보면 철학자들이 다양한 방식으로 사유의 결과를 전달하려 했다는 것을 확인할 수 있다. 에피쿠로스와 세네카는 편지의 형식으로도 사유를 전달했다. 아우렐리우스의 『명상록』, 아우구스티누스의 『고백록』, 파스칼의 『팡세』, 몽테뉴의 『에세』같은 자서전적 글쓰기가 효과적인 방식일 수도 있다. 데카르트의 『방법 서설』이나 스피노자의 『지성 개선론』은 철학자의 정신적 고양 과정을 기록한다.

멘 드 비랑, 키에르케고어, 가브리엘 마르셀의 일기 또한 철학 저술의 한 방식이다. 아리스토텔레스, 이암블리코스, 키케로의 『호르텐시우스』와 같은 프로트렙티코스protreptikos, 크란토르, 키케로, 플루타르코스, 세네카, 보에티우스 등에게서 찾아볼 수 있는 콘솔라치오consolatio도 과거에는 중요한 표현 방식이었다. 플라톤 말고도 키케로, 아우구스티누스, 에리우게나, 브루노가, 근대에 들어서도 버클리, 라이프니쯔, 말브랑쉐까지도 대화편의 형식으로 저술했다. 철학자가 대화의 형식으로 자신의 사유를 드러내는 것은 실은 상당 기간 동안 유지되었던 철학의 전통이었다. 스피노자의 『기하학적으로 논증된 윤리학』, 라이프니쯔의 『단자론』, 칸트의 3비판서, 헤겔의 『엔치클로페디』, 니체의 저술, 비트겐슈타인의 『트락타투스』, 싸르트르의 희곡과 소설 등은 모두 각각의 독창적 철학을 그에 걸맞은 형식에 담아 내놓은 경우들이라고 할 수 있다. 오늘날 철학자들의 사유 전달 통로가 오로지 논문 한 가지에로 국한되어 가는 경향을 보이는 것은 사실 오래 된 일도 아니요 바람직하지도 않다고 할 수 있다.

플라톤은 많은 글을 썼으면서도 그 글 안에서 자신에 대해서는 극구 침묵한다. 이는 매우 특이한 점이라 하겠다. 이런 점을 가리켜 연구자들은 '플라톤적 익명성 Platonic anonymity'이라고 부른다. 오늘날 사람들은 될 수 있는 대로 자신을 드러내고 싶어서 안달을 한다. 플라톤은 대화편들을 통틀어서 단 세 차례 자신의 이름을 드러내는데, 그것도 모두 내용상 그리 중요할 게 없는 대목에서 지나가는 말투로 그렇게 한다. 최초의 저술인 『소크라테스의 변론』의 한 군데에서 소크라테스는 법정에 모습을 나타낸 자신의 친구와 제자를 열거하는데 거기에 플라톤의 이름이 끼어 있다. 첫 번째 등장이다. 『소크라테스의 변론』의 다른 곳에서는 소크라테스가 벌금형을 받을 경우에 보증을 서겠다고 자청한 사람들이 나열되는데 이 사람들의 중의 하나로 플라톤도 거명된다. 두 번째 등장이다. 스승 소크라테스가 죽음을 맞는 비장한 장면을 그려 보이는 『파이돈』이라는 대화편에서는 소크라테스가 자신의 최후의 순간에 그와 함께 있었던 사람들을 열거하고서는 "플라톤은 병이 나서 없었다"고 말한다. 세 번째이자 마지막 거명이다. 사정이 이렇다 보니

26 내지 27 대화편들에서는 플라톤 생애의 흔적을 도무지 찾아 볼 수 없다. 플라톤은 자신의 대화편들에서 철저하게 소크라테스라는 가면을 쓴다. 이로부터 플라톤 저술을 읽어 내는 근본적인 어려움이 생겨난다. 플라톤 저술에서 소크라테스가 발언하는 경우 우리는 '역사적 소크라테스historical Socrates'의 말을 플라톤이 증언하는 것인지, 아니면 소크라테스가 말하지만 실은 소크라테스라는 가면을 쓴 플라톤이 말하는 것인지를 가려내야 한다. 우리는 '역사적 소크라테스'와 '플라톤이 그려낸 소크라테스Platonic Socrates'를 구별해야 한다는 어려운 과제를 떠안게 된다.

2

심포시온, 아곤, 에로스, 파이데라스티아

PLATON ***SYMPOSION***

1.
소문자 심포시온과 대문자 심포시온

고대 그리스 특유의 문화 형태 가운데 하나로 심포시온symposion이 있다. 그리스 사람들이 즐긴 심포시온을 우리는 여러 문헌, 모자이크, 꽃병에 그려진 그림 등으로 어느 정도 파악하고 있다. 언어적으로 보아서 '심포시온'이라는 단어는 '함께'라는 뜻의 'sym'과 '마신다'는 뜻의 'posion'이 합쳐진 것이다. 그러니까 '심포시온'은 '함께 마시기' 정도를 의미하는 말이다. 사람들은 클리네klinē라 부르는 침대 혹은 침상형 의자에 비스듬히 기대 누워 노예들의 시중을 받으며 포도주를 마시며 담론을 나눈다. 이때 좌장symposiarchos이 물과 포도주를 섞는 비율, 술 마시는 양과 속도 등을 정했다고 전해진다. 그런데 심포시온은 그 단어가 드러내듯 그저 포도주를 즐기는 자리로 그치는 것이 아니다. 사람들은 포도주, 정확하게 말하자면 그 날 정해진 비율로 물이

섞인 희석된 포도주를 즐기면서 주제에 따른 담론을 펼친다. 단순한 술자리, 술판은 아닌 것이다. 고대 그리스 사람들은 이런 심포시온을 매우 즐겼다고 한다. 이런 보통명사로서의 심포시온이 '소문자 심포시온symposion'이다. 영어로 학술 행사의 한 형태를 가리키는 단어 심포시엄symposium은 바로 이 희랍어 심포시온에서 온 것이다.

플라톤의 중기 대화편 『심포시온*Symposion*』은 하고 많은 심포시온들 가운데에서 비극 시인 아가톤Agathōn이 비극경연대회에서 우승한 것을 축하하기 위해 벌어진 어느 날의 심포시온을 우리에게 내보이는 형태의 저술이다. 따라서 플라톤의 책 제목은 고유명사로서 '대문자 심포시온Symposion'이다. 우리는 플라톤 『심포시온』을 통해 고대 그리스 문화의 독특한 한 형태인 심포시온을 잘 이해할 수 있는 기회를 얻는다.

참가자들이 모이면 먼저 식사deipnon를 한다. 식사와 심포시온은 엄격히 구분된다. 플라톤 『심포시온』 176a는 식사가 끝나고 심포시온이 시작되는 장면을 잘 보여준다. 식사가 끝나면 일정한 종교적 의례, 정화淨化 행위가 이루어진다. 자리가 깨끗이 정리되고 음식은 치워진다. 손을 씻고

헌주를 하고 헌주가를 부르기도 한다. 심포시온이 시작되면 비로소 포도주가 등장하고 음식은 간단한 안주로 제한된다.

'희석된 포도주를 마시면서 하나의 주제를 놓고 벌이는 담론' 심포시온이 고대 그리스만의 독특한 문화이다 보니 플라톤 대화편 『심포시온』을 어떤 표현으로 번역할 지가 문제가 된다. 이 번역의 어려움은 어떤 언어든 마찬가지이다. 예컨대 독일어로는 『가스트말*Gastmahl*』과 『트링크겔라게*Trinkgelage*』라는 두 번역이 있다. 우선 『가스트말*Gastmahl*』은 '손님을 초대해 대접하는 식사'를 나타낸다. 심포시온을 담아내는 데에는 역부족이다. 다음으로 『트링크겔라게*Trinkgelage*』는 우리말로는 '술자리', '술판'이다. 앞의 것보다는 낫다. 그러나 이번에는 '술'은 있으나 '담론'이 없다. 고대 그리스에만 있었던 것이니 다른 언어로는 번역해내기 어려운 것이다. 우리말 번역도 마찬가지이다. 플라톤 『심포시온』에 대한 가장 흔한 번역은 『향연』이다. 지금도 '음악의 향연'이라거나 '철학의 향연'과 같이 비유적으로 쓰이기도 한다. 그러나 '향연饗宴'의 한자 '향饗'에는 '먹을 식食'이 들어 있다. 따라서 '향연'은 식사deipnon와 뚜렷이 구별되는 심포시온symposion을 드러내지 못한다. 과거 어떤 이는 세상이 다 '향연'이라고 할 때 혼자 '잔치'라고 하기도 했다. 이렇게 한 데에는 '향연'이라는 널리 퍼진 번역이 심포시온과는 거리가 있다는 문제 의식이 작용했을 것이다. '잔치'가 순 우리말이고 우리나라 사람들에게는 기분 좋은 어휘이지만 이 역시 심포시온의 번역이 되지 못하기로는 마찬가지이다. 잔치에는 술도 있고 음식도 있지만 담론이 있다고는 하기 어렵다. 같은 문제 의식에서 '연회宴會'로 하자는 제안도 있었다. 이 경우에도 사정은 달라지지 않는다고 본다. 호텔에 가 보면 대연회장도 있고 소연회실도 있다. 그러니까 대부분 한국 사람의 어휘력으로는 집에서 벌이면 '잔치'이고, 호텔에서 하면 '연회'다. 심포시온의 번역어가 되지 못하기로는 마찬가지다. 나의 생각은 이렇다. 고대 그리스의 독특한 '심포시온'을 번역하려 애쓰지 않는 것이 좋겠다. 어떻게 해도 '심포시온'을 번역해 낼 수도 없고, 번역하고 보면 '심포시온'과는 거리가 생긴다. 그러니 지금 문제가 되고 있는 플라톤 대화편을 『심포시온』으로 표기하자는 것이 내 생각이다.

2.
심판관 디오니소스와 아곤

비극 시인 아가톤이 비극 경연대회에서 우승한 것을 축하하기 위해 사람들이 아가톤 집에 모이고 심포시온이 벌어진다. 이 자리에서 7명이 각자 담론을 펼친다. 그런데 『심포시온』의 여러 곳에 참가자들 사이의 팽팽한 신경전이 엿보인다. 사람들이 자리를 잡고 나서 뒤늦게 소크라테스가 당도하는데, 소크라테스가 어디에 앉아야 하는가가 문제가 된다. 심포시온이 한참 진행되고 알키비아데스가 출현하는데, 이때에도 알키비아데스의 자리가 문제거리이다. 왜 그런가? 자리 배정은 연설의 순서와 연결된다. 심포시온 참가자들은 어떤 순서로 연설하는 것이 자신에게 유리한지를 따진다. 따라서 어느 자리에 앉느냐가 중요하다. 누구든 '이미자 바로 뒤에 노래 부르기'를 꺼리는 것과 같다. 정해진 순서를 바꾸는 계기가 되는 '아리스토파네스의 딸국질'이 그래서 재미있다. 본격적인 심포시온이 시작되기 직전인 175e에는 “디오니소스를 심판관으로 삼아”라는 표현이 있다. 『심포시온』에서 술의 신, 도취의 신, 광기의 신 디오니소스는 이중적 의미로 심판관 노릇을 한다. 첫째로, 한참 심포시온이 진행되어 이미 6명의 연설이 끝난 뒤에 술에 취해 요란스럽게 알키비아데스가 출현한다. 그런데 이 알키비아데스의 출현은 신화에서 디오니소스의 출현과 매우 흡사하다. 우선 술에 취해 있고, 담쟁이 덩굴과 제비꽃으로 장식된 화관을 쓰고 머리에는 아주 많은 띠tainia를 꽂고 있다. 그리고 애초에 알키비아데스는 띠들을 뽑아서는 아가톤의 머리에 꽂아두었는데 나중에 소크라테스도 그 자리에 있다는 것을 알게 되자 띠 몇 개를 소크라테스 머리에 꽂아줌으로써 심판관 역할을 수행한다. 그러니까 이 자리에서 가장 지혜로운 자는 소크라테스라는 판정을 내리는 셈이다. 둘째로, 술의 신酒神답게 이 심포시온에서 누가 가장 술이 센 지를 판정하는 심판관이다. 초저녁에 시작한 심포시온이 계속되면서 한 명씩 나가떨어지고 맨 마지막에는 셋이 남았다. 집 주인인 비극 시인 아가톤, 희극 시인 아리스토파네스 그리고 소크라테스이다. 이 셋 중에 아리스토파네스가 먼저 잠들게 되고, 다음으로는 아가톤이 날이 새고 있을 즈음 잠든다. 홀로 남은 소크라테스는 리케이온Lykeion으로 가서 씻은 다음 여느 때처럼 지내다가 저녁이 되어서야 집으로 돌아갔다고 한다. 두 번째 판정의 승자도 역시 소크라테스이다.

『심포시온』에서의 7개 연설은 "디오니소스를 심판관으로 하여" 일종의 경합의 형태로 전개된다. 여기에서 중요한 역할을 하는 희랍어 개념이 '아곤agon'이다. 연구자들은 이 아곤이야말로 고대 그리스 사람들을 이해하는 열쇠라고 본다. 이 아곤을 영어로는 '콘테스트contest'나 '컴피티션competition'으로, 독일어로는 '베트캄프Wettkampf'나 '베트스트라이트Wettstreit'로 옮긴다. 독일어 표현이 훨씬 낫다. 다툼이나 싸움을 뜻하는 '캄프Kampf'와 '스트라이트Streit'에 '베트Wett'가 붙었다. '베트Wett'는 누가 더 나은지, 누가 더 잘 하는지, 누가 더 빠른지 등에 있어서 겨룬다거나 내기 한다는 뜻을 담고 있다. 그래서 우리말로는 '경쟁적 시합', 줄여서 '경합競合'으로 번역했으면 한다. 벌써 오래 전 일이 되었는데 필자가 독일에서 공부하던 시절 'Wetten, daβ'라는 이름의 텔레비전 프로그램이 있었다. "사람이 활주로에 서 있는 비행기를 움직일 수 있는가?". 할 수 있는지 그럴 수 없는지 내기를 걸고 그걸 확인해 본다. 저 사람들은 별걸 다 내기를 거는구나 싶었다. 고대 그리스 세계에서는 많은 것들이 경합의 형태로 치러졌다. 고대 그리스 사람들이 현대 인류에게 선물한 것 가운데 하나가 올림픽 경기이다. 올림픽 경기는 누가 더 빨리 달리는지, 누가 더 멀리 던지는지 등 몸의 경합이라고 하겠다. 비극 경연 대회는 혼의 경합이다. 심지어 경합은 인간 뿐만 아니라 신들 사이에서도 벌어진다. 불화의 여신이 던져 놓은 황금 사과를 두고 트로이의 왕자 파리스는 헤라, 아테나, 아프로디테 사이 경합의 심판관이 된다. 그는 권력을 약속한 헤라, 전쟁에서의 승리와 명예를 약속한 아테나를 제치고 세상에서 가장 아름다운 여인을 약속한 아프로디테를 택한다. 그 결과 트로이 전쟁이 발발하고 트로이는 멸망한다. 그리스 사람들의 삶의 영역 전방위에 걸쳐 작동하는 것이 아곤의 원리이다. 고뇌라는 뜻의 영어 단어 '애고니agony'가 희랍어 아곤에서 왔다고 한다.

아닌 게 아니라 사사건건 경쟁이요 경합이라면 매우 힘들고 피곤할 것이다. 노래 잘 하는 가수들이 나와서 매번 관중 호응도 아래 순서부터 한 명씩 탈락하는 <나는 가수다>라는 텔레비전 프로그램이 있었는데, 이야말로 아곤의 극치요 가수들의 고뇌는 대단했을 것이다. 연구자들은 크게 세 부류의 아곤을 구별한다. 첫째로 '아곤 김니코스agon gymnikos'가 있다. 인간의 몸과 관련된 경합이다. 올림픽 경기가 바로 이런 것이다. 둘째로 '아곤 무시코스agon mousikos'가 있다. 문화와 예술을 관장하는 무사Mousa 여신들과 관련된 경합, 비극 경연 대회가 대표적이다. 혼의 영역에서의 경합이다. 『심포시온』은 비극 시인 아가톤이 비극 경연 대회에서 우승한 것을 축하하는 잔치 2일차 밤에 벌어진 연설 경합을 보여준다. 배경이 되는 것도 비극 경연 대회라는 아곤이요, 실제로도 에로스를 주제로 한 연설 아곤이다. 세 번째 아곤이 독특하다. 고대 세계에서는 여러모로 말馬이 중요했다. 누가 더 좋은 혈통의 말을 비싼 값을 주고 구해서 호사스러운 말 안장, 말밥굽, 말 꼬랑지로 장식하느냐 하는 것이 중요한 경쟁거리였다. 이런 경합을 '아곤 히피코스agon hippikos(hippos가 말)'라고 한다. 웬 말의 경합이냐고 하겠지만 오늘날 자동차 튜닝을 떠올리면 이해에 도움이 될 것이다. 대부분의 사람한테는 이제 막 자동차 공장에서 출고된 상태가 최선의 상태일 것이다. 그런데 어떤 사람들은 새 시트도 떼어 내고, 머플러도 다른 것으로 바꾸고, 음향 기기도 교체한다. 새 것을 버리고 자신의 취향에 맞는 부품으로 갈아 끼우는 취미 활동은 아곤 히피코스의 성격과 다르지 않다. 고대의 말이 현대의 자동차로 바뀌었을 뿐이다. 현대의 자동차는 과거의 애마愛馬인 셈이다.

3.
소문자 에로스와 대문자 에로스

플라톤의 대화편들에는 제목과 함께 부제가 붙어 있다. 이 부제들은 정확히 언제 누가 붙였는지 알려지지 않은 채

오늘날까지 이어져 온다. 『심포시온』의 부제는 '사랑', 희랍어로 에로스erōs이다. 희랍어에는 사랑을 뜻하는 어휘가 여럿이다. 그 가운데에서 아가페agape, 에로스erōs, 필리아philia, 이 세 가지가 중요하다. 아가페는 인간에 대한 신의 사랑, 신에 대한 인간을 사랑을 나타낸다. 에로스는 인간 사이의 사랑을 가리킨다. 이 에로스는 보통명사로서 첫 글자를 소문자로 표기한다. 흔히 에로스와 아가페는 짝을 이루는 것으로 이해된다. 필리아는 두 가지 쓰임새가 있는데, 어떤 때에는 아가페나 에로스 등 모든 종류의 사랑을 총괄하기도 하고, 또 어떤 경우에는 우리가 '우정'이라고 부르는 친구 사이의 사랑, 가족 사이의 사랑을 가리키기도 한다.

그런데 첫 글자를 대문자로 시작하는 에로스Erōs가 있다. 이 에로스는 고유명사로서 그리스 신화의 에로스 신이다. 에로스는 아프로디테의 아들로서 '사랑의 신'이다. 에로스와 프시케 사이의 사랑에서 비롯된 화살 박힌 하트 문양은 세계 공통의 언어가 되었다. 형용사 '에로틱erotic', 명사 '에로티즘erotism', '에로티시즘eroticism' 등이 모두 에로스에서 왔다. 우리가 '에로 영화', '에로 배우'라고 말하는 것도 놀랍게도 에로스 신과 연결된다. 서양의 화가나 조각가는 보통 에로스를 금발 곱슬머리에 오동통한 아기로 묘사한다. 화살통을 매고 있는 이 아기 에로스가 마구 활 시위를 당긴다. 화살통에는 두 종류의 화살이 있다고 한다. 황금촉으로 된 화살을 맞은 자는 사랑에 빠져 사랑하지 않을 수 없게 된다고 한다. 반면에 납이나 구리로 된 화살을 맞은 자는 사랑할 수가 없다고 한다. 이 글을 읽는 독자도 자신의 필요에 따라 적절한 화살을 쫓아다녀야 한다. 바로크 화가 카라바지오Michelangelo merise da Caravaggio(1571-1610)는 부잡스런 삶을 살다가 젊은 나이에 생을 마감한 독특한 인물이다. 어두운 바탕 화면에 <메두사의 머리>, <홀로페르네스의 목을 치는 유디트>, <세례자 요한의 참수>, <골리앗의 머리를 든 다윗> 등 피가 뚝뚝 떨어지는 참수 장면을 많이 그렸다. 그런 그가 그린 대문자 에로스도 특이하다. 통상적인 귀여운 아기 에로스가 아니라 막 사춘기에 접어들었을 청소년 에로스가 나체로 서 있다. 그림의 제목은 <승리자 아모르>이다. 그리스 신화의 에로스는 로마 신화에서 아모르Amor가 된다. '승리자 아모르'라는 제목은 다음과 같은 라틴어 표현에서 왔다. 아모르 빈치트 옴니아Amor vincit omnia. 영어로는 "Love conquers all"로 번역되고, 우리말로는 "사랑이 모든 것을 이긴다"이다.

4.
플라토닉 러브와 파이데라스티아

흔히 『심포시온』은 '사랑'을 다루는 책으로서는 『성서』 다음으로 널리 읽혔다고들 말한다. '플라토닉 러브Platonic love'라는 표현이 있다. 이 표현을 사람들은 '육체가 개입되지 않은 정신적 사랑'이라거나 '순수하고 고상한 사랑'으로 이해한다. 이런 이해가 옳은가? 아니다. 철학자 플라톤은 평생 결혼하지 않고 독신으로 살았다. 부인 크산티페와 관련된 많은 이야기를 남긴 소크라테스나 결혼해서 아들 니코마코스를 둔 아리스토텔레스와 다른 점이다. 그런데 정작 사랑을 주제로 한 『심포시온』을 읽어보면 통상적으로 알고 있는 '플라토닉 러브'와는 전혀 어울릴 수 없는 내용들을 만난다. 결국 우리는 '플라토닉 러브'를 잘못 알고 있다는 것을 인정해야 한다. '플라토닉 러브'는 '플라톤이 생각하는 사랑', '플라톤이 말하는 사랑'이요, 여러 대화편들 가운데 집중적으로 '사랑'을 거론하는 대화편은 『심포시온』, 『파이드로스』, 『리시스』인데 역시 『심포시온』이 단연 첫 손에 꼽힌다. 그러니 '플라토닉 러브'라는 표현에 대한 정확하고도 의미 있는 이해는 '플라톤이 『심포시온』에서 보여주는 사랑'인데, 문제는 이 사랑이 '육체가 개입되지 않은 고상한 사랑'은 커녕 읽는 이를 깜짝 놀래키는 남성 사이의 사랑이라는 사실이다.

고대 지중해 세계에 널리 퍼져 있던 동성애에 대해서는 도버K. J. Dover의 책 *Greek Homosexuality*(1978, 1989, Cambridge)가 훌륭한 정보를 제공해 준다. 영어로 여성 동성애자를 '레즈비언lesbian'이라고 한다. 이 단어는 '레스보스 사람'을 가리킨다. 에게 해의 섬 레스보스Lesbos에서 무슨 일이 있었던 걸까? 이를 설명하기 위해서는 고대 세계 최고의 여성 시인 사포Sapphō를 소환해야 한다. 사포는 너무도 탁월해서 훗날 플라톤은 사포를 가리켜 "열번째 무사"라고 했다고 한다. 이 표현은 인간에게 부여될 수 있는 최상의 찬사이다. 문화와 예술을 관장하는 무사Mousa 여신은 모두 아홉으로 마치 분업 체계처럼 문예의 여러 영역을 분담한다. 무사는 여신이고 사포는 인간이다. 따라서 "열번째 무사"라는 표현은 인간으로서는 으뜸이라는 극찬인 셈이다. 이 사포의 남편은 비교적 젊은 나이에 세상을 떠나는데 많은 재산을 남겼다고 한다. 이 재산을 활용해 사포는 레스보스 섬에 여성 공동체를 만들고 주로 문예를 가르쳤다고 한다. 당시 사람들에게 여성들만의 공동체는 도저히 납득이 되지 않았을 터이니 온갖 험악하고 지저분한 추측이 난무했을 것이다. 여자들끼리 모여서 무엇을 할까? 이런 배경에서 발생한 어휘가 '레즈비언'이다.

고대 세계에서 남성 사이의 사랑을 나타내는 어휘가 '파이데라스티아paidelastia'이다. 오늘날 많은 책에서 동성애의 기원을 고대 그리스 세계로 보고 소크라테스도 동성애자였다, 플라톤도 동성애자였다 식으로 기술하고 있는 것을 본다. 소크라테스나 플라톤과 같은 큰 철학자를 동성애자 목록에 넣는다고 해서 동성애의 정당성이 확보되는 것은 아닐 것이다. 논리학에서는 이런 식의 사고방식을 '권위에 호소하는 오류'라는 이름의 오류를 범한 것으로 본다. 고대 그리스의 파이데라스티아를 현대 동성애와 동일시하는 것은 문제가 크다. 우선 언어적으로 보아서 파이데라스티아paiderastia는 '소년(단수 pais, 복수 paides)'과 '사랑erastia'이 결합된 것이다. 그러니까 우리말로는 '소년에 대한 사랑', '소년애'라고 할 만하다. 파이데라스티아가 현대 동성애와 확연히 다른 점으로는 첫째로, 결코 동년배 사이에서는 성립하지 않는다는 것이다. 파이데라스티아는 중장년의 연장자와 청소년인 연소자 사이의 사랑이다. 사랑하는 자the lover인 연장자를 '에라스테스erastēs'라고 하고, 사랑 받는 자the loved인 연소자를 '파이스pais', '파이디카paidika', 에로메노스erōmenos라고 한다. 독일어로는 '에라스테스'와 '에로메노스'가 잘 표현된다. '립하버Liebhaber'와 '리플링Liebling'이 바로 그것이다. 파이데라스티아는 세대와 세대를 이어주는 역할을 한다. 세간의 큰 관심거리였던 소크라테스와 알키비아데스, 플라톤과 디온 사이의 관계는 바로 이 파이데라스티아로 설명된다. 둘째로 파이데라스티아가 현대 동성애와 구별되는 점으로 교육의 계기를 들 수 있다. 연장자는 연소자가 훌륭한 시민으로 자라도록 돌보는 후견인 역할을 한다. 요즘 쓰는 표현으로 맨토mentor와 멘티mentee의 관계와 다르지 않다.

3

틀 이야기

PLATON *SYMPOSION*

1.
액자식 구성과 점층법

로마 시대의 키케로는 “만일 제우스가 희랍어를 알았다면 플라톤보다 더 풍부한 언어를 구사하는 자가 누구냐”고 물었을 것이라고 한다. 플라톤이야말로 큰 철학자이면서 동시한 위대한 작가이기도 한 드문 경우에 속한다. 특히 『심포시온』은 플라톤 철학의 핵심이라고 할 이데아 이론이 개진되면서도 그대로 한 편의 아름다운 문학 작품이기도 하다. 서구 사회에서 『심포시온』이 사상전집이나 철학전집이 아니라 문학전집에 끼어 있는 것은 이런 이유에서이다. 『심포시온』은 형식의 측면에서 볼 때 ‘틀 이야기’와 ‘본 이야기’라는 두 부분으로 되어 있다. 아가톤의 집에서 벌어진 비극경연대회 우승 축하 잔치 이틀째 날 7명의 참가자가 ‘사랑erōs’이라는 주제에 대해 순서에 맞춰 연설하는 것이 ‘본 이야기’이다. 그런데 처음부터 ‘본 이야기’가 펼쳐지는 것은 아니다. 아폴로도로스Apollodōros라는 자가 길을 걷는데 몇몇 사람이 그를 불러 세운다. 시간적으로는 저 아가톤Agathōn 집 심포시온이 있고 나서 몇 해가 지난 뒤였다. 아폴로도로스를 불러 세운 이들은 바로 이 몇 해 전 심포시온에서 어떤 이야기가 오고 갔는지를 묻는다. 아폴로도로스는 그때 현장에 있었던 아리스토데모스Aristodēmos에게서 들은 이야기라면서 7명의 연설을 소개한다. 이것이 '틀 이야기'이다. 이렇게 '틀 이야기'와 '본 이야기'라는 구조를 독자에게 내보인다는 점에서 플라톤은 탁월한 작가이다. 그런데 '틀 이야기'를 독일어로는 '라멘에어쩰룽Rahmenerzählung'이라고 부른다. 이때의 '라멘Rhamen'은 무언가를 둘러싼 '틀', 특히 사진이나 그림이 그 안에 들어 있는 틀, 곧 액자를 말한다. 그래서 연구자들은 '틀 이야기'와 '본 이야기'로 구성되어 있는 『심포시온』의 구조적 특징을 가리켜 '액자식 구성'이라고 부른다. 서양 사람들의 집 거실 혹은 응접실은 대개 많은 사진 액자로 장식되어 있는 것을 본다. 그런데 한 가지 특징이 엿보인다. 동일한 디자인, 심지어 동일한 색깔의 다양한 크기의 액자를 선호한다는 것이다. 지금도 액자 가게에 가 보면 동일한 디자인, 동일한 색깔의 액자를 크기 별로 묶어서 한꺼번에 비닐 포장해 판매하는 것을 쉽게 볼 수 있다. 그러니까 '액자식 구성'은 이야기 속의 이야기라는 구조를 보인다. 그런데 '틀 이야기'와 '본 이야기'라는 이중의 액자로 그치는 것이 아니다. 내용 상 가장 중요하다고 할 소크라테스 연설에서 소크라테스는 자신의 이야기가 디오티마로부터 들은 이야기라고 한다. 전체적으로 액자 속의 액자라는 구조를 취하고 있는데 거기에다 또 하나의 액자를 설치한 셈이다. 더구나 디오티마로부터 들었다는 이야기기가 『심포시온』 전체에서 가장 중요한 부분이다. 그렇다면 디오티마 이야기는 '액자 속의 액자 속의 액자'가 되는 셈이다.

아가톤 집 심포시온에 참가한 7명은 앉은 자리에 따라 에로스를 주제로 한 연설을 펼친다. 파이드로스, 파우사니아스, 에릭시마코스, 아리스토파네스, 아가톤 그리고 소크라테스에 이르기까지의 과정은 점층법의 구조를 갖는다. 매 단계를 거치면서 뒤의 연설이 앞의 연설을 뛰어 넘고 고도화 시킨다. 이 점층법 구조의 정상에 위치해 있는 것이 소크라테스 연설, 특히 그 가운데에서도 디오티마로부터 들었다는 이야기요, 이 부분에 이데아 이론이 담겨 있다. 그리고는 이미 바깥에서 많이 마셔 술에 취한 알키비아데스가 벼락치듯 쳐들어와서는 이 날의 심포시온의 마지막 순서의 연설을 하는 것으로 되어 있다. 이런 액자식 구성과 점층법 구조는 플라톤이 철학자일 뿐만 아니라 탁월한 작가이기도 하다는 것을 유감없이 드러낸다.

2.
'걷는다는 것', '대화', '사유한다는 것'

'틀 이야기'에서는 대화의 공간적 배경과 시간적 배경이 드러난다. '틀 이야기'의 주된 인물 아폴로도로스Apollodōros는 열광적인 소크라테스 추종자이다. 그는 플라톤 대화편들 가운데 『소크라테스의 변론』, 『파이돈』, 『심포시온』에 등장한다. 말하자면 중복 출연이다. 우선 『소크라테스의 변론』 33-34에서는 재판정에 나와서 소크라테스의 재판을 지켜보는 이들이 거명된다. 크리톤과 크리토불로스 부자, 아이스키네스와 리사니아스 부자, 안티폰과 에피게네스 부자, 니코스트라토스, 파랄리오스, 아데이만토스와 플라톤 형제 그리고 아이안토도로스와 아폴로도로스 형제가 바로 그들이다. 『파이돈』에서는 소크라테스 최후의 날 지하 감옥에 모인 사람들 가운데 아폴로도로스는 유별나게 감정을 폭발시켜 대성통곡하는 것으로 묘사된다. 『심포시온』의 '틀 이야기'에서 팔레론Phalēron 사람 아폴로도로스는 아테네로 가는 길이었다. 항구 도시 팔레론은 1차 페르시아 전쟁 때까지도 아테네의 외항 구실을 수행했다. 그러나 더 큰 규모의 외항이 필요해서 서쪽의 피레우스가 개발되고 테미스토클레스의 지휘 아래 피레우스와 아테네 사이 성곽이 축조되면서 팔레론은 퇴락의 길을 걷게 된다. 이후 피레우스는 아테네의 외항이라는 입지를 든든하게 지켜낸다. 오늘날 에게해의 섬들, 이탈리아, 북부 아프리카로 가는 여객선들은 으레 피레우스 항에서 출발한다. 니코스 카잔차키스의 『희랍인 조르바』의 첫 장면도 비바람이 몰아치는 피레우스 항구이다. 어쨌거나 팔레론 사람 아폴로도로스가 아테네로부터 그리 멀지 않은 팔레론을 떠나 아테네로 향하는 길에 알고 지내던 이들이 그를 불러 세운다. 일행은 소크라테스, 아가톤, 알키비아데스 등이 사랑을 주제로 나눈 이야기들을 궁금해 하면서 아폴로도로스에게서 듣고자 하지만 실은 아폴로도로스는 이제 막 지혜 사랑philosophia, 곧 철학에 입문했고 저 대화는 꽤 오래 전에 있었으며 자신은 아직 어려 그 자리에 없었노라고 한다. 하지만 소크라테스를 모시고 가서 그 모임에 참석한 키다테나이온 출신 아리스토데모스Aristodēmos로부터 당시 이야기를 소상하게 전해 들었으며 그 가운데 몇몇은 나중에 소크라테스에게 물어 확인하기까지 했다고 한다. 그리하여 아폴로도로스는 팔레론으로부터 아테네로 가는 길을 걸으면서 지인 일행에게 아가톤 집에서 있었던 심포시온을 전해 준다. 걸으면서 대화하고 사유한다는 것은 플라톤의 여러 대화편들에서 드러나는 주요 특징이다.

『국가』에서도 그 첫 장면은 길에서 만나 걸으면서 대화하고 사유하는 것으로 되어 있다. 소크라테스 일행은 아테네를 떠나 피레우스로 갔다. 처음으로 개최되는 벤디스Bendis 여신 축제를 구경하기도 하고 신께 축원을 드리기도 할 요량이었다. 피레우스에서의 일정을 마치고 아테네로 돌아가는 길이었다. 어떤 아이가 와서는 소크라테스의 옷을 붙잡고는 잠시 기다려달라고 청한다. 이 아이는 소크라테스와 대화를 나누고 싶은 폴레마르코스의 지시에 따라 그리한 것이다. 그래서 소크라테스는 곧 뒤따라 온 폴레마르코스 일행을 만나 그의 집에서 긴 대화를 나누게 된다.

『법률』에는 모두 3명의 인물이 대화하는 것으로 되어 있다. 3명의 등장 인물은 크레타 사람 클레이니아스Kleinias, 라케다이몬 사람 메길로스Megillos 그리고 아테네 사람이다. 셋 다 역사적 인물이 아니라 플라톤이 내세운 가상 인물이요, 지혜와 경험이 풍부한 노인으로 그려진다. 클레이니아스는 마그네시아Magneisia의 입법을 위임 받은 자로서 나머지 두 사람을 초대한 것으로 되어 있다. 메길로스는 셋 중 가장 연장자이다. 아테네 사람은 셋 중 나이는 가장 적지만 시종 대화를 주도하는데 이름은 끝내 밝혀지지 않는다. 제5

권은 맨 끝의 한마디를 빼고는 혼자 발언하고, 제12권에서도 거의 대부분 발언을 독점한다. 그렇다면 아테네 사람은 다른 대화편 같으면 등장 인물 소크라테스가 했을 역할을 『법률』에서 하고 있다고 할 수 있겠고, 결국 플라톤 자신이라고 보아야 할 것이다. 3명의 등장 인물은 크레타 크노소스Knossos에서 제우스의 동굴과 성소로 가는 길에 대화를 나눈다. 그런데 제우스의 동굴과 성소는 크레타에 3개나 있다. 이 셋 가운데 이들이 향해 가는 곳은 크노소스 서남쪽 이다Ida 산의 동굴과 성소로 보인다. 제우스가 딕테Dikte 동굴에서 태어나 크로노스 몰래 옮겨져서 성장하며 어린 시절을 보냈다는 동굴이다. 대화의 시간적 배경은 하지 무렵으로 보인다. 더위로 숨이 막힐 지경이라 도중에 키 큰 나무들 사이 그늘진 쉴 곳을 찾아간다는 표현이 나온다. 크레타의 전설적 입법가 미노스가 법과 정치 체제에 관한 제우스의 가르침을 받기 위해 9년마다 걸었다는 길을 3명이 다시 걸으면서 마그네시아의 법과 정치 체제를 모색한다.

『파이드로스』에서 소크라테스는 산책 나온 파이드로스Phaidros를 만나 그가 갖고 있는 리시아스Lysias의 논변 책자를 함께 읽으며 아테네 성벽 밖 일리소스 강변 풀밭으로 간다. 매미들의 합창 소리가 울려 퍼지는 플라타너스 나무 아래에서 눕기도 했다가 일어나 앉기도 하면서 소크라테스와 파이드로스의 대화가 전개된다. 이쯤 되면 '걷는다는 것', '대화', '사유한다는 것' 사이의 각별한 관계를 쉽사리 짐작할 수 있을 것이다. 플라톤만 그런 것이 아니다. 아리스토텔레스가 세운 학교 리케이온Lykeion에는 지붕 덮힌 산책로가 있었다. 산책 코스에 지붕을 덮었다는 것은 비 오고 바람 부는 날에도 산책하기 위함이다. 이 전천후 산책로를 페리파토스peripatos라고 부른다. 페리파토스는 아리스토텔레스가 즐겨 걸으면서 대화하고 사유했다는 것을 보여준다. 훗날 아리스토텔레스를 추종하는 제자들을 뭉뚱그려 '페리파토스 학파'라고 부르게 된다. 쾨닉스베르크(지금의 칼리닌그라드)의 칸트는 정확히 시간을 지켜 산책한 것으로 유명하다. 그가 지나가는 것을 보고 동네 아주머니는 시계 바늘을 돌려 시각을 맞추었다는 후일담도 전해진다. 쾨닉스베르크에는 운하가 발달했고 많은 다리가 있었다. 그 많은 다리를 중복되지도 않고 빠뜨리지도 않고 건너는 것을 해내는지

겨루는 수학 놀이도 있다. 플라톤, 아리스토텔레스, 칸트에게서 '걸으면서 사유하기'의 진수를 본다. 독일 하이델베르그와 일본 교토에 '철학자의 길'이 조성되어 있다는 사실도 이런 점에서 이해될 수 있을 것이다. 철학자는 걷기를 좋아하는 자이다. 플라톤 『심포시온』의 '틀 이야기'는 걸으면서 사유하고 대화하기의 진수를 보여준다.

3.
사람 이름을 대는 두 방식

플라톤 대화편에는 으레 각각의 등장 인물이 있다. 『심포시온』의 '틀 이야기'에는 팔레론 사람 아폴로도로스와 이름이 알려지지 않은 그의 지인들이 등장한다. '본 이야기'에는 화자 구실을 하는 키다테나이온의 아리스토데모스, 심포시온이 벌어지는 집 주인장 아가톤, 미리누스의 파이드로스,

파우사니아스, 아쿠메노스의 아들 에릭시마코스, 희극 시인 아리스토파네스, 소크라테스, 알키비아데스가 등장한다. 고대 그리스 세계에서는 두 가지 방식으로 거명한다. '아쿠메노스의 아들 에릭시마코스'처럼 '누구의 아들 아무개'로 표기하는 방식이 그 한 가지이다. 만일 에릭시마코스가 어떤 잘못을 범하면 아버지 아쿠메네스를 욕되게 하는 것이 된다. 또 한 가지는 '미리누스의 파이드로스'처럼 '어디 출신의 아무개'로 표기하는 방식이다. 만일 파이드로스가 어떤 잘못을 저지르면 출신지 미리누스를 욕되게 하는 것이 된다. 이때 아테네를 제외하고는 출신 폴리스를 댄다. 그러니까 '압데라의 프로타고라스'라거나 '레온티노이의 고르기아스'의 경우라면 '압데라'와 '레온티노이'가 각각 출신 폴리스인 것이다. 여기에서 아테네는 예외가 된다. 아테네는 여러 데모스demos(區)로 나뉘어 있어 출신지가 아테네일 경우에는 데모스를 밝히도록 되어 있다. '키다테나이온의 아리스토데모스'라거나 '미리누스의 파이드로스'라고 하는 경우 아리스토데모스가 아테네의 키다테나이온 구 출신이요 파이드로스가 아테네의 미리누스 구 출신이라는 사실을 드러낸다.

그리스 사람의 이름과 관련해 또 하나의 흥미로운 점이 있다. 많은 경우 할아버지와 손자, 할머니와 손녀의 이름이 같다. '같은 이름homonymos'을 갖는 것은 이처럼 주로 할아버지와 손자 사이에서 발견되고 훨씬 적은 경우에는 아버지와 아들도 그렇게 하기도 한다. 그런데 이런 식으로 이름 붙이는 관습은 현대에까지 이어진다고 한다. 그리스 여행 중에 들른 어느 음식점에서 귀여운 여자 아이가 뛰놀길래 이름을 물었더니 소피아란다. 그런데 이 음식점 주인장의 어머니도 소피아이다. 할머니의 이름을 손녀가 물려받은 것이다. 흔히 첫째 아들에게는 할아버지의 이름을, 둘째 아들에게는 외할아버지의 이름을, 첫째 딸에게는 할머니의 이름을, 둘째 딸에게는 외할머니의 이름을 물려준다고 한다. 철학자 아리스텔레스의 아버지 이름은 니코마코스이고, 아리스토텔레스의 아들 이름도 니코마코스이다.

『심포시온』 '틀 이야기'의 화자narrator(話者)는 아폴로도로스Apollodōros이고, '본 이야기'의 화자는 아리스토데모스Aristodēmos이다. 팔레론 사람 아폴로도로스는 집에서 시내로 들어가는 길이었는데 지인들이 불러세우고는 얼마 전 아가톤 집에서 있었던 심포시온에 대해 묻는다. 아폴로도로스는 3년 전에 철학에 입문한 자로서 그 심포시온에는 참석하지 않았고 대신 그 자리에 있었던 아리스토데모스로부터 전해 듣고 미심쩍은 점들은 직접 소크라테스에게 확인했다고 한다. '아폴로도로스'라는 이름은 '아폴론의 선물'이라는 의미를 갖는다. '디오니소스의 선물'을 뜻하는 이름이 빠질 리 없다. '디오니소도로스Dionysodōros'이다. 아폴론이나 디오니소스를 포함하는 '신의 선물'이라는 뜻의 이름도 있다. '테오도로스Theodōros'이다. 영어로는 Theodore로 표기한다. 이 이름의 애칭이 Teddy이다. 비싼 곰 인형 Teddy Bear라는 이름은 여기에서 나왔다. '아리스토데모스'는 부락, 동네, 구dēmos에서 가장 훌륭한 자라는 뜻을 갖고 있다. 형용사 아가토스agathos, good의 최상급이 아리스토스aristos, best이다.

4.
심포시온이 시작하기까지

아리스토데모스는 열렬한 소크라테스 추종자이다. 소크라테스를 존경하다 보니 스승을 흉내내기도 했던 것으로 전해진다. 그가 맨발로 다니기도 했던 것이 그 가운데 하나이다. 아가톤이 비극경연대회에서 우승하고 베푼 잔치 2일차 날 아리스토데모스는 소크라테스를 만난다. 그날따라 소크라테스는 목욕을 해 말끔했고 신발을 신은 모습이었다. 아리스토데모스가 평소 보던 것과는 다른 차림새이다. 소크라테스는 사시사철 낡은 겉옷을 걸치고 맨발로 다닌 것으로 알려져 있다. 이 겉옷은 히마티온himation이라 불리는 것으로 양털로 짠 것인데 소크라테스의 경우 하도 오래 입어서 털은 빠지고 올은 나간 상태이다. 훗날 키니코스 학파와 스토아 학파 사람들은 이런 소크라테스의 행색을 따라 하기도 했다. 맨발의 단벌 신사는 그의 '검소한 삶', '무소유의 삶'을 보여준다. 디오게네스 라에르티오스는 사람들이 소크라테스가 다음 시를 암송하는 것을 몇 번이고 되풀이해서 들었다고 기록한다.

"은 그릇과 비단 옷은
연극에는 좋아도 생활에는 쓸모 없다."

또 디오게네스 라에르티오스는 소크라테스 삶의 특징을 다음과 같이 표현한다.

"그는 종종 무수히 많은 상품들을 흘낏 보고는 속으로 중얼거렸다. 물건이 참 많기도 하지. 내게는 아무 소용이 없는데."

알키비아데스가 전하는 바에 따르면 포티다이아 원정에서 끔찍하게 추운 어느 날 아무도 막사 밖으로 나가려들지 않고 혹 나가더라도 두툼하게 입고 있는 대로 다리와 발을 싸매고 나서야 나가는데 유독 소크라테스는 늘 입고 다니던 외투만 걸치고는 맨발로 얼음밭을 잘도 걸어다녀 다른 병사들의 노여움을 샀다고 한다. 심포시온이 있던 날 소크라테스가 나름 갖춰 입고 신발을 신은 것은 자신을 초대한 아가톤 집에 가기 위한 것이었다. 아리스토데모스 본인은 아가톤의 초청을 받지 못하였는데 스승인 소크라테스가 함께 가자 하니 따라나선다. 아가톤으로부터 초대받지 않은 자신을 소크라테스가 초대했노라고 말할 요량이었다.

그런데 뜻하지 않은 일이 발생한다. 소크라테스가 어느 집 문 앞에 서서는 생각에 잠기고는 아리스토데모스 더러 먼저 가라고 손짓하는 것이다. 스승의 버릇을 잘 아는 아리스토데모스는 쉬 끝날 일이 아니라고 보고 혼자서 아가톤 집으로 간다. 소크라테스에게는 별명이 많은데 프론티스테스phrontistēs가 그 가운데 하나이다. 프론티스테스란 '골똘히 생각에 잠긴 자'이다. 아리스토파네스의 『구름』에는 소크라테스가 프론티스테리온phrontistērion을 차려 돈을 버는 것으로 묘사된다. 프론티스테리온은 '사색의 집', '사색원'을 뜻한다. 『심포시온』의 알키비아데스 연설에는 원정 길에 오른 소크라테스가 어느 여름날 새벽부터 한 자리에 서서

골똘히 생각에 잠기자 병사들이 얼마나 오래 그러는지 재미삼아 지켜보았는데 정오를 지나고 저녁을 지나고 다음날 새벽이 되어서야 사색을 그치더라는 내용이 담겨 있다. 아리스토데모스로서는 다행스럽게도 이날은 그리 오래 되지 않아서 소크라테스가 아가톤 집에 당도한다. 저녁 식사 중인 일행이 소크라테스를 반기는데 집 주인 아가톤이 자기 옆 자리에 소크라테스를 청하고는 방금 전 사색으로 얻은 지혜를 나눠달라고 한다. 이에 대해 소크라테스는 마치 물이 가득 차 있는 잔으로부터 털실을 통해 물이 덜 찬 잔으로 물이 흘러들어가는 것처럼 지혜도 그런 것이라면 자기보다 오히려 이틀전 3만이 넘는 사람들 앞에서 드러난 아가톤의 지혜야말로 그 자리의 사람들에게 흘러들 것이라고 응수한다.

3만이 넘는 사람들 앞에서 뽐낸 지혜란 당연히 비극경연대회 우승을 가리킨 것이다. 그런데 여기에서 '3만이 넘는다'는 규모에 주목할 필요가 있다. 우리나라에서 가장 최근 개장했고 최대 규모라는 광주 기아챔피온스필드 야구장에 꽉 들이차면 2만3천 명이라고 한다. 지금보다 훨씬 인구가 적었을 고대 세계에서 3만이 넘는 수의 사람이 모여 비극을 관람했다는 것은 비극경연대회가 거국적 행사였다는 것을 말해준다. 페리클레스 시대 아테네 인구는 자유민 20만, 노예 10만, 거류민 2만5천, 도합 32만5천 정도였다고 한다. 3만이 넘는 사람이 얼마나 많은 수인지 알 수 있을 것이다. 3만이 넘는 사람을 수용하는 극장이 있었다는 것도 놀랍다. 아크로폴리스 남쪽 사면에 디오니소스 극장이 있고, 여기에서는 연극이 상연될 뿐만 아니라 민회도 열렸던 것으로 전해진다. 잘 보존된 에피다우로스 극장을 보면 3만이 넘는 사람들이 연극 공연을 보는 장관을 충분히 그려 볼 수 있다.

늦게 도착한 소크라테스마저 식사를 마치자 이제 비로소 심포시온이 시작된다. 『심포시온』 176a에는 저녁 식사로부터 심포시온에로의 이행이 명확하게 그려진다. 우선 식탁 위의 음식이 치워지고 식탁 위아래가 말끔하게 청소된다. 헌주의 의미로 바닥에 술을 뿌리기도 하고 신을 찬미하기도 한다. 식사deipnon 끝 심포시온symposion 시작이다. 이제 물과 포도주의 비율을 어떻게 할 것인지, 심포시온의 주제를 무엇으로 할 것인지에 대한 논의에 들어간다. 포도주와 관련해서는 이미 어제 달렸던 터라 아직 말끔히 깨지도 않았으니 오늘은 술 중심이 아니라 담론 중심으로 하자는 제안이 나오고 모두 동의한다. 주제와 관련해서는 에릭시마코스가 파이드로스로부터 들었다면서 다른 신에 대해서는 찬가와 송가가 있고, 영웅들에 대해서도 그러하며, 심지어 소금에 대해서도 그러한데 어쩐 일인지 사랑erōs 혹은 사랑의 신Erōs에 대해서는 그렇지 않으니 오늘 저녁에는 바로 이 에로스를 주제로 삼자고 제안한다. 에릭시마코스의 제안을 두고 소크라테스는 평소 '사랑과 관련된 것들ta erōtika' 이외에는 다른 아무 것도 알지 못한다고 주장해 온 터라 거부할 이유가 없다고 한다. '사랑과 관련된 것들' 이외에는 다른 아무 것도 일지 못한다는 것은 가수 심수봉의 "사랑밖엔 난 몰라"를 떠올리게 한다. 여기에서 '사랑과 관련된 것들'은 바로 '지혜에 대한 사랑, 지혜 사랑philosophia'을 가리킨다고 하겠다. 또 소크라테스는 아가톤과 파우사니아스도 거부하지 않을 것이라고 한다. 왜냐하면 두 사람은 지금 사랑하는 사이이기 때문이다. 아리스토파네스도 마찬가지라고 한다.

그가 하는 이야기는 온통 디오니소스와 아프로디테와 관련된 것들, 그러니까 술과 사랑, 곧 성애이기 때문이다. 이렇게 해서 심포시온이 시작되는데, 맨 처음 순서로는 사랑을 둘러싼 논의의 장본인이기도 하고 자리도 맨 먼저인 파이드로스가 지목된다.

4

파이드로스의 연설

1.
신성부대 300 전사

파이드로스Phaidros가 첫 연설자로 나선다. 그는 우선 에로스가 가장 오래 된 신들 가운데 하나라고 한다. 에로스의 어버이는 없고 어떤 시인도 에로스의 부모를 말하지 않는다고 한다. 이것은 우리가 보통 알고 있는 그리스 신화와는 다른 이야기이다. 통상 에로스는 사랑의 여신이자 아름다움의 여신 아프로디테와 전쟁의 신 아레스 사이의 아들로 알려져 있다. 그리스 신화는 하나의 초점으로 된 통일된 이야기가 아니다. 다초점의 복잡한 이야기 꾸러미이다. 『그리스 신화』라는 책이 있는 것이 아니다. 호메로스와 헤시오도스의 작품들, 아이스킬로스, 소포클레스, 에우리피데스 등 비극작가들의 작품들에 들어 있는 신들에 대한 이야기들을 뭉뚱그려 '그리스 신화'라고 부른다. 그러니까 에로스만 하더라도 어디에서는 아레스와 아프로디테의 아들이라고 하고, 또 어디에서는 부모가 없다고 한다. 에로스를 가장 오래된 신들 가운데 하나요 부모가 없다고 하는 것은 농부 시인 헤시오도스의 『테오고니아*Theogonia*』에 나온다. 이 작품은 『신들의 계보』라거나 『신들의 족보』라고 번역되는데 과거에는 『신통기神統記(혹은 神統紀)』라고 불리웠다. 헤시오도스에 따르면 맨 처음에 카오스Chaos, 가이아Gaia 혹은 게Gē 그리고 에로스Erōs가 있었다. 혼돈 카오스와 대지의 여신 가이아 사이에 에로스가 작용하여 다른 것들이 생겨 나온다. 세상의 하고 많은 것들은 죄다 카오스, 가이아, 에로스로부터 생겨난 것이다. 여타의 것들을 생겨나게 했다는 점에서 오래되고 위대하다. 가장 오래되었기에 가장 좋은 것들의 원인이 된다. 사실 우리 삶에서 오래된 것이 항상 좋지는 않다. 확실히 장 맛은 오래될수록 좋다고 할 수 있겠다. 음식 맛이 좋다고 소문난 음식점 뒷 뜰에 줄지어 선 장독들이 맛의 비결이다. 하지만 새로 나온 스마트폰은 전보다 더 나은 성능을 지닌다. 오래된 것이 좋은 경우도 있고, 새 것이 좋은 경우도 있다. 에로스는 오래되어 좋은 것 가운데 하나이다. 에로스가 부모도 없고 가장 오래된 신이라고 하는 것은 사랑이라는 것이 인간이 존재하기 시작하면서부터 있게 된 근원적 현상이라는 것이다.

최초의 것이 좋음이라는 생각은 플로티노스Plotinos 형이상학을 떠올리게 한다. 신플라톤학파라거나 신플라톤주의로 불리는 플로티노스의 형이상학의 출발점인 '최초의 것to proton'은 '좋음to agathon'이요 '하나의 것' 혹은 '일자to hen(一者)'이다. 이 '최초의 것이자 좋음이요 하나의 것'으로부터 차례차례 이성nous과 혼psyche과 감각 세계가 흘러나온다. 이것은 완전성으로부터 불완전성으로, 빛으로부터 어두움으로의 하강이고 플로티노스 특유의 표현으로는 유출emanatio(流出)이다. 하강에 대응해서 상승이 있다. 상승은 원래의 출발점으로 되돌아가는 것이요 고향으로 가는 것이다. 이 상승을 플로티노스는 '자신의 현재 처지로부터 벗어나는 일ekstasis, stepping out of the present status', '일자와의 합일henōsis', '신과의 동화homoiōsis theō'라고 표현한다. 하강과 상승이라는 두 국면으로 되어 있는 플로티노스 형이상학에서 '최초의 것'이 곧 '좋음'이고 '하나의 것'이요, 이로부터 세상의 온갖 것들이 흘러나온다. 파이드로스 연설에서 맨처음 ‘카오스’, ‘가이아’ 그리고 ‘에로스’가 있고 이로부터 세상의 온갖 것들이 생겨난다. 이런 의미에서 에로스는 가장 오래되었고 가장 좋은 것들의 원인이다.

사랑하는 자나 사랑받는 자, 그러니까 사랑에 빠진 자라면 어떤 부끄러운 짓이 발각되는 경우 아버지나 친구에게 목격되기보다 사랑하는 자나 사랑받는 자에게 목격될 때 큰 괴로움을 느낄 것이다. 이런 점에서 보건대 사랑하는 자들과 사랑받는 자들로 꾸린 군대가 있다면, 이런 군대는 일체의 부끄러운 일들을 멀리 하며 서로 열성을 다할 것이다. 이런 군대는 그 구성원이 소수일지라도 훨씬 많은 수의 사람들을 상대로도 싸워 이길 것이 틀림없다. 가령 사랑하는 자가 대열을 이탈하거나 무기를 버리는 것이 사랑받는 자에게 목격되는 일이란 죽기보다 싫을 것이다. 또 전투에서 사랑받는 자가 위기에 처해 있는데도 이를 본체 만체 할 사랑하는 이란 좀처럼 없을 것이다. 이처럼 에로스는 사랑하는 자와 사랑받는 자를 용기와 관련해서 신들린 상태로 만들어 준다. 실제로 테베Thēbai는 기원전 378년 스파르타에 맞서 ‘신성神聖 부대hieros lochos’를 창설한다. 이 부대는 사랑하는 자와 사랑받는 자 150쌍, 그러니까 300명의 중장비보병hoplitai으로 이루어져 용맹을 떨쳤다. 그러다가 338년 마케도니아 필리포스 2세와 맞선 아테네·테베 연합군의 일원으로 싸우다 전멸한다. 영화 <300>은 페르시아 전쟁 중 스파르타의 왕 레오니다스가 이끄는 300명 전사가 테르모필레 전투에서 용감하게 싸우다가 전멸하는 이야기를 담고 있는데, 서양 고대 세계에 '300'에 해당하는 전투 부대로는 레오니다스 일행뿐만 아니라 신성부대도 있다.

2.
사랑에도 등급이 있다

파이드로스는 사랑과 관련해서 세 가지 사례를 든다. 그가 이렇게 하는 것은 사랑이 다 같은 사랑이 아니요 사랑에도 등급이 있다는 것을 보여주기 위함이다. 맨 먼저 드는 것이 알케스티스Alkēstis의 아드메토스Admētos에 대한 사랑이다. 알케스티스는 아드메토스의 아내이다. 아드메토스는 장년의 나이에 죽을 운명이었는데 아폴론에게 도움을 준 덕분에 누군가 대신 죽는다면 더 살 수 있다는 특전을 얻게 된다. 아드메토스 대신 죽겠다고 나선 이는 아드메토스의 아버지도 어머니도 아닌 아내 알케스티스였다. 이를 두고 "에로스erōs가 필리아philia를 능가하였다"고 표현하는데, 여기에서의 필리아는 가족 사이의 사랑이요 에로스는 남녀 사이의 사랑, 남편과 아내 사이의 사랑이다. 알케스티스는 남편을 살리려고 죽음을 택하는데 신들은 이런 사랑을 높이 사 알케스티스를 저승에서 이승으로 돌려 보낸다.

그 다음으로 드는 것이 오르페우스Orpheus의 에우리디케Eurydikē에 대한 사랑이다. 이 사랑 이야기는 파이드로스가 든 세 가지 사례 가운데 가장 널리 알려져 있다. 많은 미술작품이 이 사랑을 형상화하고, 오페라나 연극으로도 다루어진다. 오르페우스의 아내 에우리디케는 자신을 짝사랑하는 이에게 쫓기다가 그만 뱀을 밟게 되고 그 뱀에 물려 죽고 만다. 키타라 연주하며 노래 부르던 오르페우스는 한 없는 슬픔에 빠져 슬프게 노래한다. 세상이 온통 슬픔에 빠진다. 산천초목이 슬픔에 잠기고 온갖 짐승들이 울부짖는다. 이를 견디다 못해 신들은 뒤돌아보지 않는다는 조건을 달아 지하 세계에서 에우리디케를 데리고 나오는 것을 허락한다. 오르페우스는 하데스와 페르세포네의 환송을 받으며 아내 에우리디케와 함께 지하 세계 입구까지는 잘 왔는데 거기에서 그만 애초의 약속을 잊고 아내를 돌아보는 바람에 영영 아내를 잃고만다. 에우리디케는 동굴 안쪽으로 훅 빨려 들어가고 오르페우스 혼자 지상 세계로 나온다. 그 후 오르페우스는 디오니소스 광신도들에 의해 갈갈이 찢겨 죽는다.

끝으로 드는 것이 아킬레우스Achilleus의 파트로클로스Patroklos에 대한 사랑이다. 우리는 이 이야기를 호메로스의 『일리아스』를 통해 잘 알고 있다. 파트로클로스는 사랑하는 자요 아킬레우스는 사랑받는 자이다. 전쟁터로 떠날 때 아킬레우스는 어머니 테티스로부터 트로이아의 헥토르를 죽이면 자신도 죽게 될 것이요 헥토르를 죽이지 않으면 집으로 돌아와 늙어 죽게 될 것임을 들었다. 그런데 사랑하는 자 파트로클로스가 헥토르에 의해 죽임을 당했다. 어머니로부터 들은 이야기에도 불구하고 분노한 아킬레우스는 헥토르를 죽여 복수한다. 파이드로스는 신들은 사랑하는 자가 사랑받는 자를 좋아하는 경우보다 사랑받는 자가 사랑하는 자를 좋아하는 경우에 더 놀라워하고 감탄한다고 한다. 아킬레우스의 프로클로스에 대한 사랑이 바로 이런 경우이다. 그래서 신들은 아킬레우스를 '축복받은 자들의 섬들makarōn nēsoi(極樂群島)'로 보냈다고 한다. 결국 파이드로스가 매긴 사랑의 등급은 다음과 같다. 아킬레우스의 파트로클로스에 대한 사랑이 으뜸이요, 알케스티스의 아드메토스에 대한 사랑이 그 다음이요, 오르페우스의 에우리디케에 대한 사랑이 맨 마지막이다. 사랑이라고 다 같은 사랑이 아니다. 파이드로스는 파이데라스티아를 최고의 사랑으로 본 것이다.

파이드로스는 에로스가 신들 중에서 가장 오래되고, 가장 존경스러우며, 살아 있는 동안이건 죽어서건 훌륭함aretē과 행복eudaimonia에 있어서 가장 주도적인 영향력을 행사한다는 말로 연설을 끝맺는다. 파이드로스 연설의 마지막 문장에는 최상급 형용사 세 개가 나란히 등장한다. 빛나는 에로스 찬양이다.

5

파우사니아스의 연설

1.

우라니오스 에로스와 판데모스 에로스

파이드로스 다음으로 몇몇 사람들의 발언이 있었다고 한다. 그렇지만 아리스토데모스도 이 발언들을 또렷하게 기억하지 못해 파우사니아스의 연설을 들려주었다고 한다. 파우사니아스Pausanias는 대뜸 파이드로스 연설의 치명적 잘못을 지적한다. 파이드로스 연설은 에로스 찬양 일색인데 이는 잘못이라는 것이다. 에로스가 하나라면야 파이드로스처럼 말할 수도 있겠지만 실은 에로스가 둘이라는 것이다. 우선 아프로디테가 하나가 아니요 둘이다. 그에 따라 에로스 역시 하나가 아니라 둘이다. 두 아프로디테 가운데 하나는 더 나이 들고 우라노스의 어미 없는 딸인 '우라니아 아프로디테ourania Aphroditē', '천상의 아프로디테'이다. 이 아프로디테가 널리 알려져 있고, 헤시오도스의 『테오고니아』에 나오는 버전이다. 우라노스는 가이아로부터 많은 자식들을 얻는다. 자식들 가운데에 무시무시한 아이들이 자꾸 태어나자 우라노스는 이들을 가이아의 깊은 곳에 숨겨 놓고는 햇빛을 볼 수 없게 한다. 속이 점점 답답해 오자 가이아는 자식들에게 우라노스를 처치해달라고 부탁한다. 다들 무서워 망설이는데 막내 크로노스가 나선다. 크로노스는 우라노스가 가이아와 교접하려고 할 때 낫으로 생식기를 잘라 버린다. 멀리 던져진 생식기에서 흐르는 피가 땅에 떨어진 데에서 복수의 여신들Erinyes, 거인족Gigantes, 요정들이 태어난다. 잘린 생식기는 바다에 떨어져 바다를 떠나니는데, 그 둘레에 흰 거품이 일고 그 속에서 한 소녀가 자라고 있었다. 이 거품 속 소녀는 키테라 섬 쪽으로 갔다가 나중에는 키프로스Kypros로 간다. 이 여신은 거품aphros에서 태어났다 해서 아프로디테라 불리고, 키테라에서 연유하는 키테레이아Kythereia, 키프로스에서 연유하는 키프리스Kypris라는 별칭도 얻게 된다.

반면에 다른 하나는 제우스와 디오네Diōnē 사이의 젊은 딸 '판데모스 아프로디테pandēmos Aphroditē', '세속적 아프로디테', '범속의 아프로디테'이다. 이에 대해서는 호메로스의

『일리아스』에서 찾아볼 수 있다. 트로이아의 왕자 안키세스Anchisēs와 아프로디테 사이의 아들인 아이네이아스Aineias가 디오메데스Diomēdēs의 공격을 받아 죽을 고비를 맞게 된다. 아프로디테가 이를 막아 주다가 창에 손목을 찔린다. 아프로디테가 어머니 디오네에게 가니, 어머니가 딸의 상처를 치료해준다. 우라니아 아프로디테가 더 나이 든 아프로디테요 판데모스 아프로디테는 더 젊은 아프로디테라는 파우사니아스의 연설은 앞서 파이드로스가 가장 오래 된 것이 좋은 것이라고 주장한 것을 받아들이는 셈이다.

우라니아 아프로디테의 아들 우라니오스 에로스ouranios Erōs는 어머니가 어미 없이 태어난 것에 대응해서 여성과는 무관하고 남성에만 관여한다. 그러니까 우라니오스 에로스는 남자들 사이의 사랑, 곧 파이데라스티아이다. 앞의 파이드로스 연설에서도 내용 상의 파이데라스티아가 등장하지만 '파이데라스티아paiderastia'라는 낱말이 나오는 것은 여기(181c)가 처음이다. 반면에 판데모스 아프로디테의 아들 판데모스 에로스pandēmos Erōs는 어머니가 부모를 둔 것에 대응해서 소년들도 여인들도 사랑하고, 혼보다는 몸을 더 사랑하며, 덜 지적인 자를 사랑한다고 한다. 파이드로스의 연설에서 파이데라스티아가 최고 등급의 사랑이었는데, 파우사니아스에게서도 파이데라스티아의 우위는 계속된다.

2.
파이데라스티아에 대한 세 가지 태도

그런데 문제가 되는 파이데라스티아를 대하는 태도는 지역별로 다르다. 파이데라스티아를 전적으로 용인하는 지역이 있는가 하면, 반대로 전적으로 금지하는 지역도 있다. 그런가 하면 준칙nomos을 세워 이 준칙에 맞는 파이데라스티아에 한해서 용인하는 지역도 있다. 우선 파이데라스티아를 가리지 않고 모두 용인하는 지역이 있다. 엘리스Elis나 보이오티아Boiōtia 그리고 사람들이 언변에 능숙하지 않은 곳이 여기에 속한다. 이런 곳에서는 파이데라스티아가 관례처럼 받아들여지고 젊은이들을 말로 설득하느라 골머리를 앓지 않는다.

파이데라스티아에 대한 두 번째 태도는 무조건적 금지이다. 이오니아 같은 곳이 그러한데, 이런 곳에서는 이방인들의 지배 아래 살고 있다. 아테네의 경우에도 참주정치 시대에는 사정이 같았다. 이방인 지배자나 참주들은 파이데라스티아, 필로소피아, 필로김나스티아philogymnastia를 모조리 부끄러운 일로 여긴다. 파이데라스티아는 소년을, 필로소피아는 지혜를, 필로김나스티아는 체력 단련을 사랑하는 것인데, 이 모든 것이 독재 체제나 참주 정체를 위협한다고 보았다. 독재자나 참주는 강한 우정philia과 연대koinōnia가 생겨나는 것을 바라지 않는다. 아리스토게이톤Aristogeitōn과 하르모디오스Harmodios의 사례가 언급된다. 둘은 소년애로 맺어진 사이이다. 페이시스트라토스Peisistratos 사후 히피아스Hippias와 히파르코스Hipparchos 형제가 참주 지위를 계승한다. 그런데 히파르코스가 하르모디오스를 짝사랑했다. 하르모디오스에게 거절을 당한 히파르코스는 하르모디오스의 누이에게 공개적 모욕을 준다. 이에 아리스토게이톤과 하르모디오스는 참주 형제를 살해함으로써 아테네의 참주 체제를 전복하기로 계획을 세운다. 514년 판아테나이아 축제에서 히파르코스를 살해하지만 히피아스를 살해하는 데에는 실패하여 두 사람은 처형되고 만다. 510년에 히피아스가 추방됨으로써 36년에 걸친 참주 정치가 종식된다. 아테네 사람들은 아고라에 두 사람의 동상을 세우고 그들의 공적을 기렸다. 지금의 아고라에는 동상이 서 있던 기단만 남아 있다. 아테네의 아고라에 가거들랑 잠시라도 아리스토게이톤과 하르모디오스의 파이데라스티아를 떠올릴 일이다.

파이데라스티아에 대한 세 번째 태도는 준칙을 세워 허용하는 것이다. 아테네가 대표적이다. 여기에서는 4 가지 준칙을 세우고, 이런 준칙에 맞는 파이데라스티아만 허용된다. 첫째, 공개적이어야 한다. 둘째, 재산이나 명예를 염두에 두어선 안 된다. 셋째, 몸보다 혼을 사랑해야 한다. 넷째, 사랑의 목적을 sophia와 aretē에 두어야 한다. 사실 이 네 가지 준칙은 비단 파이데라티아에만 적용된다고 하기보다 사랑 일반에 적용된다고 보아도 무방할 것이다.

고전 읽기의 즐거움 | 플라톤 『심포시온』

6

에릭시마코스의 연설

PLATON ***SYMPOSION***

1.
절묘한 장치, 아리스토파네스의 딸꾹질

문학 작품으로서의 『심포시온』의 구성상 백미는 단연 '아리스토파네스의 딸꾹질Aristophanes' hiccup, Aristophanes' hiccough, Aristophanes' hic'이다. 일행은 치열한 신경전 끝에 각자 자리를 잡았고, 그 자리의 순서가 곧 연설 순서가 된다. 심포시온이 아곤의 형태로 진행되는 만큼 긴장감이 팽팽하다. 애초 순서대로는 파우사니아스 다음에 아리스토파네스가 연설해야 한다. 그런데 파우사니아스가 연설을 마치자 다음 순서인 아리스토파네스는 딸꾹질을 핑계로 의사인 에릭시마코스에게 딸꾹질을 멈추게 해주든지 아니면 연설 순서를 바꾸어 달라고 떼를 쓴다. "파우사니아스가 연설을 마치자"라는 표현은 이야기를 전하는 아폴로도로스가 변론가들에게서 배운 솜씨이다. 희랍어로는 "Pausaniou ... pausamenou"인데, 발음이 비슷한 두 단어를 연이어 써서 재미있는 표현을 만들어냈다. 영어 pause, 독일어 Pause가 pausamenou와 어원을 같이 한다. 독일 Wissenschaftliche Gesellschaft Darstadt 판 <플라톤 전집> 편집자는 이 대목을 놓고 슐라이어마허Schleiermacher의 번역에 대한 아쉬움을 각주에 남겨 놓고 있다. 그 뛰어난 슐라이어마허가 이 언어 유희를 전혀 눈치채지 못했다면서 “als nun Pausanias pausierte”라는 번역 예를 제시한다. 부드러운 사나이 에릭시마코스는 두 가지 청을 모두 들어주겠다면서 연설 순서를 바꿔주는 것은 물론이요 의사로서 딸꾹질을 멎게 하는 방법을 가르쳐 준다. 그런데 그 방법이라는 것이 오늘날 우리가 쓰고 있는 것과 똑같다는 것을 보고 놀라게 된다. 우선 오랫동안 숨을 멈추고 있고, 그래도 딸꾹질이 멎지 않으면 물을 입에 물고 몇 번 울컥거려 보고, 그래도 안 되면 코를 간질여 재채기를 유발해 보라고 한다. 사랑을 이야기하고 이데아 이론을 개진하는 대화편에서 우스꽝스러운 아리스토파네스의 딸꾹질은 왜 등장하는 것일까?

비단 『심포시온』 뿐만 아니라 플라톤의 26 내지 27 대화편들 전체에 걸쳐 ‘진지함spoude, earnest, Ernst’과 ‘유희paidia, playfulness, Spiel'는 구성상의 기본 골격을 이룬다. 플라톤 대화편들을 관통하는 기본 특징 가운데 하나가 이 '진지함'과 '유희'의 교차이다. 생각해 보면 인간의 삶이 결국 '진지함'과 '유희'의 교차가 아니겠는가? 동네 공중목욕탕에는 열탕과 냉탕이 함께 있다. 사람들은 열탕과 냉탕을 번갈아 옮겨 다니면서 "어 시원해"를 연발한다. 세상사를 줄곧 진지하게만 대할 수도 없고 그렇다고 또 낄낄댈 수만도 없다. 플라톤 대화편의 구성상의 특징인 '진지함'과 '유희'의 교차를 잘 드러내는 절묘한 장치가 바로 『심포시온』의 '아리스토파네스의 딸꾹질'인 것이다. 앞서 인용한 키케로의 말을 실감하게 된다.

2.
우주의 질서 에로스

에릭시마코스는 아리스토파네스가 딸꾹질을 멈추도록 도

와주고 연설 순서도 바꿔준다. 그야말로 '친절한 에릭시마코스씨'라고 할 만하다. 그런데 에릭시마코스Eryximachos라는 이름은 '트림과 싸우는 자'를 뜻한다. 딸꾹질, 재채기, 트림이 한꺼번에 등장하니 흥미롭다. 에릭시마코스는 앞의 파우사니아스 연설을 두고 시작은 훌륭하였으나 마무리는 부족했다고 평가하는 것으로 자신의 연설을 시작한다. 시작이 훌륭하다고 한 것은 에로스가 하나가 아니라 둘이라는 점을 지적한 것을 이르는 것이요, 마무리가 부족하다는 것은 에로스를 인간에 국한시킨 것을 두고 하는 말이다. 에릭시마코스는 에로스는 인간뿐만 아니라 동물, 식물, 나아가 존재하는 모든 것 안에 있다고 주장한다. 에로스는 인간적인 현상일 뿐만 아니라 우주적인 현상이기도 하다. 그는 이런 사실을 "우리의 기술 의술"로 해서 알게 되었노라고 한다. 에릭시마코스가 "우리의 기술 의술"이라는 표현을 쓴 것은 그가 의사이기 때문이다. 그의 아버지 아쿠메노스도 의사이다. 당시 의사들은 스스로를 '아스클레피오스의 후예들Asklēpiadai'이라고 했다. 히포크라테스Hippokratēs도 그 가운데 한 사람이다. 의과대학을 졸업할 때 한다는 '히포크라테스 선서'의 바로 그 히포크라테스이다. 서양의 동네 병원에는 흔히 이 '히포크라테스 선서'가 벽에 걸려 있는 것을 보게 된다. 그는 소크라테스와 거의 동시대에 활동했지만 그의 이름 아래 『히포크라테스 전집*Corpus Hippocraticum*』으로 묶인 글 60편 가운데에는 기원전 3세기경까지의 것들도 포함되어 있는 것으로 알려져 있다. 따라서 이 가운데에 어느 것이 히포크라테스 자신의 것인지를 가려내기란 거의 불가능해 보인다. 어쨌든 신화에서는 아스클레피오스가, 역사적으로는 히포크라테스가 의술을 대표한다. 아스클레피오스는 아폴론과 인간 코로니스Koronis 사이에서 태어나 아폴론으로부터 의술을 전수 받아 의술의 신, 치유의 신이 된다. 아스클레피오스를 기리는 곳이 고대에는 세 곳 있었다. 우선 펠로폰네소스 반도의 에피다우로스를 들 수 있다. 여기에는 의술 학교가 있었다고 한다. 뿐만 아니라 에피다우로스는 극장, 체력 단련장, 신전, 숙박 시설 등을 갖춘 종합적 치유, 치료, 휴양 시설이었다. 아테네에도 아크로폴리스 남쪽 사면 디오니소스 극장 위쪽에 아스클레피오스 성소가 마련되었다. 히포크라테스도 그의 고향 코스Kos 섬에 의술 학교를

세우는데 여기에도 아스클레피오스 신전이 있었다고 한다.

인간의 몸은 이중적 에로스를 지니고 있다. 여기에서 이중적 에로스란 앞서 파우사니아스가 말한 두 가지 에로스를 말한다. 몸의 건강함과 질병 상태는 다른데, 같지 않은 것은 같지 않은 것들을 욕구하고 사랑한다. 즉 건조한 것은 습한 것을, 찬 것은 뜨거운 것을, 쓴 것은 단 것을, 날카로운 것은 무딘 것을, 텅 빈 것은 채움을, 꽉 찬 것은 비움을 욕구하고 사랑한다. 건강한 몸에 있는 사랑과 병약한 몸에 있는 사랑은 다르다. 마치 파우사니아스의 말대로 훌륭한 자들에게 호의를 보이는 것은 아름답되 무절제한 자들에게 그러는 것은 추한 일인 것처럼, 몸에 있어서도 훌륭하고 건강한 것들에 잘 대해주는 것은 아름다운 일이요 나쁘고 병든 것들에 그리 하는 것은 추한 일이다. 의술은 채움 및 비움과 관련된 몸의 에로스에 대한 앎이다. 의사는 에로스 전문가이다. 있어야 할 사랑은 생겨나게 하고, 있어서는 안 되는 사랑은 빼낼줄 알아야 한다.

이제 에로스가 관장하는 영역이 확장된다. 의사인 에릭시마코스는 의술을 주관하는 것은 에로스라는 생각을 체육,

농사, 음악(시가)에도 적용한다. 먼저 음악과 관련해서 헤라클레이토스의 활 및 리라의 조화를 언급한다. 우리가 화살을 활에 매겨 쏜다고 생각해 보자. 활 시위를 뒤로 많이 잡아당기면 화살은 앞으로 많이 날아가고, 활 시위를 뒤로 조금 잡아당기면 화실은 앞으로 조금 날아간다. 헤라클레이토스의 '대립의 조화'이다. 음악의 화음과 리듬은 불화 상태에서 조화 상태로의 이행이요 이런 이행을 가능케 하는 것이 에로스이다. 음악mousikē(시가)이 무사Mousa, Muse 여신들의 기술이기에 에릭시마코스는 파우사니아스의 우라니오스 에로스ouranios Eros와 판데모스 에로스pandēmos Eros에 대응해서 우라니아ourania Mousa에 속하는 사랑과 폴림니아polymnia Mousa에 속하는 사랑을 구별한다. 아홉 자매인 무사 여신들 가운데 하나가 우라니아Ourania이고, 다른 하나가 폴림니아 Polymnia(Polyhymnia)이다. 음악 다음으로는 천문학이 언급된다. 따뜻한 것과 찬 것 그리고 건조한 것과 습한 것이 절도 있는 에로스를 만나 서로 간의 조화와 적절한 혼합을 맞게 될 경우에는 인간, 동물, 식물에게 번성함과 건강을 가져다준다. 반면에 방자함을 동반하는 에로스가 한 해의 계절들에 우세하게 작용할 때에는 많은 것이 망가지고 역병이나 질병이 발생한다. 이상 기후 현상도 에로스와 연관된 것들의 상호 관계에 있어서의 지나침과 무질서에서 생기게 된다. 별들의 운행과 해마다의 계절 변화에 대한 앎이 천문학으로 불린다. 천문학 다음으로는 예언술이 언급된다. 예언술은 신들과 인간들 사이의 상호 교섭에 관련된 앎이다. 여기에서도 에로스가 작용한다. 신에 대한 불경은 절도 있는 에로스에 호의를 보이지 않는 것이다. 율법과 경건함을 지향하는 사랑과 관련된 앎이 예언술이다.

의사인 에릭시마코스의 연설은 피타고라스 학파의 철학과 깊이 연관되어 있다. 피타고라스 학파가 탐구했던 것은 넓은 의미로 '수학적 학문들', 그러니까 수학, 천문학, 의학, 음악(화성학)이었다. 특히 피타고라스 학파의 일원인 알크마이온Alkmaion은 신체에 있어서의 여러 가지 대립적인 성질들이 적절한 혼화krasis(混和)에 의해 조절되는 것이 건강이라고 하였다. 중세 말 근대 초 유럽에서 대학이 생겨날 때 피타고라스 학파적 전통은 매우 중시된다. 이 최초의 대학들에서는 법학, 신학, 의학이 중요 학문이었고, 이들 학문들을 탐구하기 위해서는 일곱 가지 기초 학문을 거쳐야 했다. 그러니까 이 일곱 가지는 대학에서의 학문 활동에서 필수적으로 요구되는 기초 학문이었다. 이를 아르테스 리베랄리스artes liberales라고 부른다. 자유 학예라고 번역하는데 그리 적절해 보이지 않는다. 인간의 삶을 '자유인의 삶'과 '노예의 삶'으로 구별할 수 있다. 아르테스 리베랄리스는 '자유인의 삶'에 꼭 필요한 학문, 자유인으로 살아가자면 반드시 해야 하는 학문을 의미한다. 아르테스 리베랄리스는 다시 두 가지로 나뉜다. 그 하나는 아르테스 쿼드리비알레스artes quadriviales로 산술, 기하학, 천문학, 음악(화성학)의 네 가지이고, 다른 하나는 아르테스 트리비알레스artes triviales로 수사학, 문법, 논리학의 세 가지이다. 아르테스 쿼드리비알레스는 흔히 피타고라스-플라톤적 전통이라 불리고, 아르테스 트리비랄레스는 소피스테스-소크라테스적 전통이라 불린다. '인문대학'을 표기하는 영어가 두 가지이다. college of humanities라는 표현은 studia humanitatis를 계승하는 것이요, college of liberal arts는 바로 이 아르테스 리벨랄리스artes liberalis를 계승하는 것이다.

고전 읽기의 즐거움 | 플라톤 『심포시온』

7

아리스토파네스의 연설

PLATON *SYMPOSION*

1.

태초 인간 안드로귀논

7개 연설 가운데 가장 널리 알려진 것은 단연 아리토파네스Aristophanēs의 연설이다. 희극 작가인 아리스토파네스는 자신의 장기를 살려 우화적인 에로스론을 펼친다. 앞서 에릭시마코스는 아리스토파네스를 두고 에로스 신을 자신과는 다르게 찬양할 의향이 있으면 그리 하라는 말로 자신의 연설을 끝맺는다. 그러자 아리스토파네스는 에릭시마코스의 말에 호응해서 자기는 파우사니아스 및 에릭시마코스와는 다른 방식으로 말하겠노라고 한다. 이 다른 방식이 곧 우화적 이야기이다. 이 연설을 각색한 뮤지컬 <헤드윅>은 오늘날에도 세계 곳곳에서 상연된다. 이 뮤지컬의 본래 제목은 <헤드윅과 성난 1인치*Hedwig and the angry inch*>이고, '사랑의 기원'이라는 부제를 달고 있다. '성난 1인치'라는 표현이 상상력을 자극한다.

아리스토파네스의 이야기는 대강 이렇다. 예전의 인간은 지금과는 달리 세 개의 성, 그러니까 오늘날처럼 남성, 여성만 있는 게 아니라 세 번째의 성이 있었다고 한다. 이 세 번째의 성은 한 몸에 남성과 여성을 모두 지닌 것으로서 신화 상으로는 남신 헤르메스Hermes와 여신 아프로디테Aphrodite가 결합한 '헤르마프로디토스Hermaphroditos'요, '남성anēr(2격 andros)'이라는 어휘와 '여성gynē'이라는 어휘가 결합된 '안드로귀논androgynon'이고, 우리말로는 '자웅동체', '암수한몸', '남녀추니', '어지자지'이다. 정리해서 말하자면 예전에는 '남남성', '여여성', '남녀성'이라는 세 종류의 인간이 있었다. 남남성은 태양의 소산이고, 여여성은 지구의 소산이요, 남녀성은 달의 소산이라고 한다. 태양, 지구, 달은 둥근 형태를 취하고 있고 이들의 소산인 태초의 인간도 둥글다고 한다. 여기에서 지구도 태양 및 달과 마찬가지로 둥글다고 본 점에 주목할 필요가 있다. 고대 세계에서 모든 이가 지구를 편평하다고 생각한 것이 아니었다는 것을 기억해야 한다. 밀레토스의 아낙시만드로스는 지구를 원통으로 보았다.

그런데 이 인간은 앞뒤로 얼굴 둘, 팔이 넷, 다리가 넷, 다시 말해서 무엇이든 지금 인간의 두 배요, 전체적으로 마치 공처럼 둥근데다 팔다리 여덟을 움직여 매우 빠르게 이동하는 등 못하는 일이 없었다. 얼굴이 둘이어서 앞 쪽에도 두 눈이, 뒷 쪽에도 두 눈이 있다고 생각해 보라. 학생들이 학교에서 시험 볼 때 매우 좋을 것이다. 이 막강한 인간은 세월이 흐르면서 기고만장해지고, 신들을 공격하기에 이른다. 오만이 하늘을 찔렀다. 호메로스가 전하는 에피알테스Ephialtēs와 오토스Ōtos 형제 이야기가 바로 그것이다. 『일리아스』에서 이 형제는 전쟁의 신 아레스를 사슬로 묶어 13개월 동안 청동 항아리 속에 가두었다. 『오디세이아』에서 이 형제는 올림포스 신들을 상대로 전쟁을 하겠다고 위협하면서 하늘에 오르기 위해 올림포스Olympos 산 위에 오사Ossa 산을 올려 놓고, 그 위에 다시 펠리온Pēlion 산을 올려 놓으려 했는데 끝내 성공하지는 못했다고 한다. 그리스 신화나 비극에는 도를 지나친 '오만hybris'에는 신의 '응징nemesis'이 따른다는 '히브리스 - 네메시스hybris - nemesis' 도식이 있다. 지켜보던 제우스 및 다른 여러 신들이 이들을 두고 회의를 했다고 한다. 아예 멸종시키면 신들에게 제사 지내는 일이 없어질 터이다. 그렇다고 이들의 방자함을 더 이상 용인할 수도 없었다. 마침내 제우스가 조치를 취했다. 마치 마가목 열매를 자르듯, 혹은 삶은 달걀을 가지런히 자르는 주방 기구를 쓰듯 인간을 둘로 나누어 생김새와 능력을 반감시킨다. 사람은 모두 애초 인간의 부신symbolon符信(符節)이다. 희랍어 심볼론symbolon은 계약이나 약속의 신표, 증표로 어떤 물건을 반으로 쪼개 갖는 것을 뜻한다. 이런 관습은 동서양에 모두 있었던 것으로 보인다. 이런 데에 사용되는 물건으로는 거울이나 단검이 대표적이다. 우리의 경우에도 고구려 주몽과 그의 어린 아들 유리가 각각 반으로 쪼개진 단검을 갖고 헤어졌다가 나중에 성장한 유리가 주춧돌 아래 반쪽 단검과 자신의 반쪽 단검을 맞추어 부자 사이를 확인한다. 한국판 심볼론이다. 제우스는 인간이 오만을 거두지 않으면 또다시 둘로 쪼개져 외다리로 깡충거리며 다니게 될 것이라는 경고도 잊지 않는다. 1차로 쪼개져 아르카디아Arkadia의 만티네이아Mantineia처럼 된 터에 2차로 또 한번 쪼개지면 묘비 부조浮彫 인물이 코를 따라 톱질된 상태가 될 것이다. 1차로 쪼개져 지금 인간의 모습이 되었는데 앞으로도 히브리스를 그치지 않으면 한번 더 쪼개져 지금의 반이 될 것이다.

2. 온전함의 회복

태초 인간을 쪼갠 것은 제우스였다. 쪼개진 인간을 수습한 것은 아폴론이었다. 아폴론은 의신이자 치유의 신 아스클레피오스의 아버지이다. 특히 배꼽의 유래가 재미있다. 아폴론은 얼굴을 돌려놓고, 피부를 전 방향에서 지금은 배라 불리는 쪽으로 끌어당겨서는 배 가운데에 구멍 모양의 것 하나를 만들어 묶었다고 한다. 이것이 배꼽이다. 배꼽 주변의 주름들을 남겨둔 것은 겪은 일을 기억하게 하기 위해서라고 한다. 그러니 샤워를 하거나 목욕하면서 자신의 배꼽을 내려다 볼 때면 인간의 오만에 대한 경계심을 일깨울 일이다.

반쪽 인간은 끊임없이 자신의 잃어버린 반쪽을 찾아 나선다. 사랑은 '잃어버린 반쪽 찾기'이다. 현대 영어의 표현으로 자신의 배우자를 가리켜 '다른 반쪽an another half'이라고 하는 것과도 통하는 이야기이다. 사랑은 잃어버린 반쪽을 찾아 융합, 용접됨으로써 온전함holos을 회복하려는 노력인데, 문제는 처음 세 종류 인간 가운데 어떤 상태에서 둘로 나뉘었느냐이다. 그러니까 자웅동체 '남녀성'에서 나뉜 경우에는 '남성'은 '여성'을, '여성'은 '남성'을 찾아 나선다. 그런데 '남남성'의 경우에는 갈린 '남성'이 잃어버린 또 다른 '남성'을 추구하게 되고, '여여성'의 경우에는 '여성'이 자신의 반쪽 또 다른 '여성'을 찾아 나서게 된다. 아리스토파네스의 이 우화적 이야기는 '사랑의 기원', 동시에 '동성애의 기원'을 담고 있다. 온전함의 회복이라는 목표는 같지만 '남녀성'의 경우에는 남녀 사이의 결합을, '남남성'의 경우에는 남성 사이 동성애를, '여여성'의 경우에는 여성 사이의 동성애를 추구한다. 이미 서양 고대 세계에서 성적 정체성의 다양성, 성적 지향의 다양성, 오늘날 표현으로 LGBTQIA의 유래를 설명하려는 시도를 하고 있다. 줄여서 흔히 LGBT라고 표현한다. 미국 대학들에는 대부분 'LGBT 센터'가 설치되어 있다. 성소수자가 대학에서 겪는 고충을 덜어주고 도와준다고 한다.

반쪽 인간의 불완전성은 잃어버린 반쪽과의 융합, 용접을 통해 그 온전함을 회복한다. 사랑은 '잃어버린 반쪽 찾기'이고 '온전함의 회복'이다. 이 융합, 용접은 헤파이스토스의 몫이다. 헤파이스토스는 불의 신, 대장간의 신, 용접의 신이다. 그리스 신화에서는 제우스와 헤라 사이의 자식이라고 하고 헤라 단독의 아들이라고도 한다. 신화에서 무엇이든 멋진 것을 만들어 내는 캐랙터가 둘 있다. 헤파이스토스와 다이달로스이다. 헤파이스토스는 아레스와 아프로디테의 불륜을 현장에서 잡아내는 고성능 그물, 어떤 창이나 화살도 뚫지 못하는 아킬레우스의 갑옷, 최초의 여인 판도라를 만들어낸다. 다이달로스는 크레타에 미노타우로스를 가두어 놓는 미로를 만들었고 아들 이카로스에게 밀랍 날개를 달아주어 하늘을 날게도 했다. 반쪽 인간 둘의 용접은 헤파이스토스가 제 격이다. 사랑하는 사람들은 밤이나 낮이나 함께 있고 싶어 하고 떨어지려 하지 않는다. 헤파이스토스의 용접으로 연인들은 살아 있는 동안은 하나로서 둘이 함께 살다가, 죽게 되면 하데스에서도 둘 대신 하나로 죽어 있게 된다고 한다. 헤파이스토스의 용접으로 얻어진 결과가 온전함이다. 온전함을 뜻하는 희랍어 holos로부터 나온 holism이라는 영어 단어가 있다. 우리말로 옮기기 매우 어렵다. '온전함의 추구'를 가리키는 이 단어를 '전일주의全一主義'로 옮기기도 한다. 여전히 생경하다.

8

아가톤의 연설

1.
에로스의 본질

이제 심포시온이 열리고 있는 집의 주인이요 이 심포시온이 열리게 된 계기인 비극경연대회 우승자 아가톤Agathōn의 연설 차례가 왔다. 아가톤은 지금까지의 연설들과 자신의 연설 사이에 차별성을 두는 것으로 말문을 연다. 그러니까 지금까지 연설자들은 에로스를 찬양하기만 했다. 아가톤은 에로스가 인간에게 얼마나 좋은 것을 가져다주었는지를 말하는 대신에 도대체 에로스가 무엇인지를 말하겠다고 한다. 에로스의 선물이 아니라 에로스의 본질을 말하겠다는 것이다. 대단한 방향전환이다. 아가톤은 에로스는 가장 아름다우며 가장 훌륭하고 가장 행복하다고 한다. 최상급 형용사 3개가 쓰였다. 에로스에 대한 세 가지 본질 규정을 차례로 살펴보자.

첫째로, 에로스는 가장 아름답다. 가수 조용필은 노래

<창밖의 여자>에서 "누가 사랑을 아름답다 했는가" 묻는다. 사랑이 가장 아름답다고 한 것은 아가톤이다. 여기에서 그는 '아름답다'의 두 가지 연관어를 제시한다. '아름답다'의 첫 번째 연관어는 '젊다'이다. 아가톤은 닮은 것이 닮은 것에 접근한다면서 가장 아름다운 것이 가장 젊다고 한다. 그러니까 아름다움은 젊음과 닮았다. 이 대목에서 아가톤은 파이드로스의 이름을 부른다. 왜냐하면 파이드로스는 앞선 연설에서 에로스가 가장 오래된 신이라고 했기 때문이다. 에로스는 가장 젊고 언제나 젊다. 에로스가 가장 젊다는 근거는 이렇다. 신화에 보이는 서로 간의 거세, 가둠, 폭력적인 일들은 아낭케Anankē(필연, 강제성)에 의해 일어났지 에로스에 의해서 일어난 게 아니다. 만일 에로스가 가장 오래된 신이라면 그런 일들은 일어나지 않았을 것이다. 에로스가 신들을 다스린 이래로 지금과 같은 애정과 평화가 생겨났다. '아름답다'의 두 번째 연관어는 '부드럽다'이다. '부드럽다'를 말하기 위해 아가톤은 호메로스가 아테Atē(짓궂음, 무모함, 심술)를 두고 "결코 땅에 내딛지 않고 사람들 머리 위로 걸어 다니는 여신의 두 발은 부드럽소"라고 한 표현을

인용한다. 에로스는 딱딱한 성품을 가진 것이면 떠나 버리지만 부드러운 성품을 가진 것이면 거기에 기거한다. 에로스는 꽃이 없거나 꽃이 저버린 몸이나 혼에는 자리를 잡지 않지만 꽃이 만발하고 향기 그윽한 곳이면 거기에 자리 잡는다. 간추려서 말해서 에로스는 가장 젊고 가장 부드럽기에 가장 아름답다.

둘째로, 에로스는 가장 훌륭하다. 아가톤은 에로스의 '훌륭함aretē'을 말한다. 희랍어 개념 아레테는 라틴어로는 비르투스virtus로 번역되고, 이 비르투스로부터 영어 단어 virtue가 나왔다. 아레테를 기계적으로 '덕'으로 번역하는 것은 정작 아레테가 아니라 virtue를 의식한 결과이다. 아레테를 '덕'이라 번역하는 바람에 소크라테스 철학을 두고 '지덕합일설'이니 '지덕복합일설'이라는 도무지 알 길 없는 해괴한 표현이 난무한다. 아레테는 형용사 agathos의 명사형이다. 형용사 agathos - kakos는 영어로 good - bad이다. 그러니까 아레테는 영어로는 goodness, exellence, 우리말로는 '훌륭함', '탁월함', '좋음'이다. 아가톤은 에로스의 아레테로 네 가지를 든다. '올바름dikaiosynē(정의)', '절제sōphrosynē', '용기andreia', '지혜sophia'가 바로 그것이다. 이 네 가지 아레테는 흔히 '플라톤의 사주덕四主德'으로 알려져 있다. 플라톤은 『국가』에서 한 나라의 구성 요소로 통치자 부류, 수호자 부류, 생산자 부류를 든다. 이 각각의 부류에 요청되는 훌륭함이 '지혜', '용기', '절제'이다. 나라의 세 부류가 제 할 일을 제대로 하는 상태가 '올바름'이다. 이렇게 해서 네 가지 아레테가 완성된다. 여기 『심포시온』에서 네 가지 아레테는 『국가』와는 역순으로 등장한다. 그러니까 '지혜', '용기', '절제', '올바름'이 아니라 '올바름'. '절제', '용기', '지혜'이다. 특히 '지혜'와 관련해서 시인 아가톤은 에릭시마코스가 자기의 전문 기술인 의술과 에로스를 관련지은 것을 언급하면서 자신의 전문 기술인 시작poiēsis(詩作, 시 짓는 기술)과 에로스를 관련 짓는다. 아닌 게 아니라 우리도 사랑에 빠지면 모두가 시인이 된다고 하지 않는가? 에로스와 연관되기로는 무사 여신들의 시 짓는 기술뿐이 아니다. 아폴론의 궁술, 의술, 예언술, 헤파이스토스의 대장장이 기술, 아테나의 직물 짜는 기술, 제우스의 신들과 인간들을 지배하는 기술 등 일체의 기술이 에로스와 연관된다. 이런 점에서 제우스도 아폴론도, 아테나 여신도 헤파이스토스도 모두 에로스 신의 제자이다.

셋째로, 에로스는 가장 행복하다. '행복하다'의 연관어로는 '선량하다', '자비롭다', '친절하다'가 제시된다. '선량하고 자비롭고 친절하다'를 잘 나타내는 독일어 단어가 Wohltaten 이다. 아가톤은 시인다운 표현으로 에로스의 행복함을 나타낸다. "에로스는 섬세함, 정교함, 화사함, 우아함, 열망, 갈망의 아버지요. 좋은 것들은 보살피되, 나쁜 것들은 신경도 쓰지 않소. 노고와 두려움, 열망, 언어에 있어서 조타수이며, 갑판 위의 전사이고, 옆에 선 전우이며, 최선의 구조자이고, 일체 신들과 인간들을 장식해 주는 자요, 더할 수 없이 훌륭한 안내자이니, 모든 사람이 그를 아름답게 찬양하면서 그를 따라야만 하오. 그가 부름으로써 모든 신들과 인간들의 마음을 매혹하는 그 노래에 참여함으로써 말이오."

2.
막간 대화: 고르기아스와 고르고

아가톤의 연설이 끝나자 박수 갈채가 쏟아진다. 앞선 네 연설이 끝나고 이랬던 적은 없었다. 심포시온에 참석한 사람들에게 어떤 생각이 들었을까? "게임 끝." 심포시온은 누구의 연설이 가장 빼어난지를 다투는 경합이다. 엊그제 3만이 넘는 시민들 앞에서 재주를 뽐내고 비극경연대회에서 우승한 아가톤이다. 오늘 심포시온에서도 앞선 연설들을 초라하게 만드는 압도적 연설을 했다. 아뿔싸! 다음 연설 차례는 바로 소크라테스이다. 소크라테스는 아가톤의 집에 오던 중 어떤 집 처마 밑에서 생각에 잠겨 있던 터라 뒤늦게 심포시온에 참석하게 되고 주인장 아가톤 옆 자리에 자리잡는 바람에 아가톤 다음에 연설하게 되어 있었다. 아가톤의 연설과 소크라테스 연설 사이에 막간 대화가 있다. 사실 앞에 파이드로스 연설과 파우사니아스 연설 사이, 파우사니아스 연설과 에릭시마코스 연설 사이, 에릭시마코스 연설과 아리스토파네스 연설 사이, 아리스토파네스 연설과 아가톤 연설 사이에도 각각 막간 대화가 있었다. 아리스토파네스가 딸꾹질을 핑계로 연설 순서를 바꿔달라고 생떼 쓰는 일이 바로 파우사니아스 연설과 에릭시마코스 연설 사이의 막간 대화에서 있었다. 그동안 막간 대화는 여럿 있었지만 아가톤 연설이 끝나고 소크라테스 연설이 시작되기 전 막간 대화는 특히 주목할 만하다. 소크라테스는 아가톤의 연설을 평가하고 이어질 자기 연설의 성격을 말한다.

요란한 박수 소리가 잦아들자 소크라테스는 에릭시마코스에게 자신이 앞서 했던 발언이 마치 예언인 것처럼 맞아들지 않았느냐고 한다. 그 예언은 두 가지로, 첫째로 아가톤의 연설이 어마어마할 것이라는 것이요, 둘째로 그로 인해 소크라테스는 당혹스러울 것이라는 것이었다. 소크라테스의 말을 받아 에릭시마코스는 두 가지 예언 가운데 하나만 맞았다고 응수한다. 맞은 예언은 아가톤의 연설이 매우 훌륭할 것이라는 것이요, 틀린 예언은 소크라테스가 당혹해할 것이라는 것이라고 한다. 에릭시마코스는 연설을 앞둔 소크라테스를 달래고 있는 것이다. 아가톤의 연설은 실로 굉장했다. 비극경연대회 우승자다웠다. 그러기로소니 천하의 소크라테스가 그 연설 앞에 당혹해 한다고? 그럴 리 없다. 소크라테스는 아가톤의 연설, 특히 우리도 인용한 끝부분은 온갖 아름다운 단어들의 총망라라고 평가한다. 그러면서 소크라테스는 아가톤의 연설이 첫째로, 고르기아스를 연상케 해서, 둘째로, 영락없이 호메로스가 말한 상태를 겪게 했다고 한다. 고르기아스는 소피스테스 거장이다. 페르시아 전쟁이 끝나고 민주주의가 도입된 아테네에 소피스테스라는 일군의 지식인들이 등장한다. 이들은 한결같이 비아테네인으로서 민주주의 시대에 청년들이 익히기 원하는 말의 기술, 수사술, 웅변술, 쟁론술, 변론술을 가르쳤다. 민주주의는 토론과 타협의 제도이다. 민회에서 자기 주장을 관철시키고, 법정에서 소송에서 승리하는 데에는 소프스테스들의 기술이 필요했다. 소크라테스와 플라톤은 이런 소피스테스들과 날카롭게 대립한다. 수많은 소피스테스들이 있는데 가장 대표적인 인물은 압데라의 프로타고라스Protagoras, 레온티노이의 고르기아스Gorgias, 케오스의 프로디코스Prodikos,

엘리스의 히피아스Hippias이다. 여기에서 소크라테스가 소피스테스들 가운데에서도 유독 고르기아스를 언급한 것은 그 이름이 신화의 고르고Gorgō(Gorgōn, 복수는 Gorgones)과 유사하기 때문이다. 소피스테스 철학을 대표하는 표현이 '도케이 모이dokei moi'이다. 영어로 표현하자면 It seems to me so and so이다. 그러니까 "나에게는 이러저러 하게 보인다" 혹은 "나에게는 이러저러 하게 여겨진다"이다. 철학사가들은 이를 '고대 상대주의'라고 부른다. 나에게도 옳고, 너에게도 옳고, 우리 모두에게 옳은 것이란 없다. 여기에서도 옳고, 저기에서도 옳고, 어디에서나 옳은 것이란 없다. 과거에도 옳고, 현재에도 옳고 언제나 옳은 것이란 없다. 그러니까 주관, 공간, 시간을 넘어서는 진리란 없다는 것이다. 나에게 옳으면 나의 진리요, 너에게 옳으면 너의 진리이다. 소크라테스와 플라톤은 이런 상대주의의 위험성을 지적한다. 소크라테스가 첫째로 아가톤의 연설이 고르기아스를 연상케한다고 말한 것은 칭찬이 아니라 비판이다. 아가톤은 아름다운 온갖 단어를 망라했지만 결국 고르기아스의 수사술을 시현한 것에 지나지 않는다. 둘째로 영락없이 호메로스가 말한 상태를 겪게 했다는 것은 『오디세이아』 제 11권(흔히 Nekyia) 고르고 이야기를 말한다. 오디세우스는 지하세계의 여왕인 페르세포네가 '고르고의 머리'를 하데스에서 자기에게 올려보내지나 않을까 두려워 한다. 헤시오도스의 『신들의 계보』에서는 고르고 자매가 스텐노Sthennō, 에우리알레Euryalē, 메두사Medousa 셋이다. 페르세우스가 메두사의 머리를 베는데, 뱀 머리카락을 가진 메두사와 눈을 마주치면 돌로 변해 버리는 죽음lithinos thanatos을 맞는다. 고르기아스에게서 수사술을 익힌 아가톤이 마치 고르고의 머리 같은 무서운 힘으로 소크라테스를 말도 할 수 없는 돌처럼 굳어버리게 하지나 않을까 두렵다는 말이다.

이어서 소크라테스는 '잘 말하기'와 '진실을 말하기'를 구별하면서, 자신의 연설은 '진실을 말하기'가 될 것이라고 한다. 아가톤의 '잘 말하기'와 소크라테스의 '진실을 말하기' 사이의 대립이다. '잘 말하기'와 '진실을 말하기'의 구별은 『소크라테스의 변론』에서도 매우 중요한 역할을 한다. 『소크라테스의 변론』에서 소크라테스는 자기를 고소한 이들의 연설을 '잘 말하기'로 규정하고 피고인으로서의 자신의 연설을 '진실을 말하기'로 표현하면서 구별하고자 한다. 소크라테스가 이 두 가지를 대립시키는 것은 fake news가 범람하는 '탈진실post truth' 시대에 비추어 눈여겨 볼 만하다. 미셸 푸코의 파레시아parrhesia와도 통하는 바가 있다.

9

소크라테스와 아가톤 사이의 문답

PLATON ***SYMPOSION***

1.

소크라테스 문답법

『심포시온』은 점층법적 구조를 이루고 있다. 에로스를 주제로 한 5개 연설이 점점 고조화 되고 그 정점에 해당하는 것이 소크라테스 연설이다. 소크라테스의 연설이 끝나면 심포시온은 파국과 종료를 향해 달려간다. 소크라테스의 연설은 두 부분으로 나뉜다. 전반부는 소크라테스가 묻고 아가톤이 답하는 문답이요, 후반부는 만티네아의 디오티마로부터 들은 이야기이다. 소크라테스와 아가톤 사이의 문답은 지금까지의 5개 연설과는 아주 다른 형태의 것이다. 둘 사이의 문답은 적은 분량으로 대화편 『심포시온』 안의 또 하나의 대화편을 보여주고 있다. 플라톤 대화편 대부분이 소크라테스와 대화를 나누는 이의 이름을 제목으로 삼고 있으니 이 부분을 따로 떼어서 이름 짓는다면 『아가톤』이라고 할 만하다. 그리 길지 않은 이 묻고 답하기는 소크라테스 철학 방법을 고스란히 보여준다. 소크라테스의 철학 방법이라고 할 디알렉티케dialektikē를 흔히 '문답법'이라고 옮긴다. 문답법은 물음to erōtan과 대답to apokrinesthai을 이용한 대화to dialegesthai를 통해서 철학적 탐구zētēsis를 하는 방법methodos을 말한다. 문답법을 통한 탐구는 묻는 자와 답하는 자 사이의 공동 탐구syzētēsis의 성격을 갖는다. 대개 소크라테스가 묻고, 대화 상대방이 답한다. 어딘가에서는 대화 상대방이 답하는 일이 묻는 일보다 어려운데 자기에게는 어려운 답하는 일을 맡기고 본인은 쉬운 묻는 일만 하려든다고 소크라테스에게 투정부리기도 한다. 물론 소크라테스가 묻기가 답하기보다 쉬운 일이어서 묻는 자의 역할을 떠맡는 것은 아니다. 소크라테스는 집요한 물음을 통해서 상대방이 무지함을 고백하게 하고 참된 앎으로 나아가도록 돕는다. 묻는다는 것은 소크라테스의 트레이드 마크와도 같다. 코라 메이슨Cora Mason의 소크라테스 평전은 다음과 같은 제목을 달고 있다. *Soctrates: The Man who dared to ask* (Boston 1954). '끊임없이 물어대는 자 소크라테스' 혹은 '집요하게 묻고 또 묻는 소크라테스' 정도로 번역할 수 있겠다.

'물어댄다'는 우리말은 한편으로는 '묻는다to ask'를, 다른 한편으로는 '문다to bite'를 뜻한다. 아닌 게 아니라 『소크라테스의 변론』에서 소크라테스는 '아테네의 등에'를 자처한다. 등에myops, gadfly는 물어대는 벌레이다. 피둥피둥 살찐 말이 끝내 잠들지 못하도록 지긋지긋하게 물어대는 등에의 역할이 자기의 역할이라고 한다. 소크라테스는 이중적 의미로 '물어댄다'. 묻는 소크라테스는 해당 주제에 대해 아무것도 모르는 무지자를 자처하고 대화 상대방은 자타공인 해당 주제 전문가이다. 무지자가 묻고 전문가가 답하는 것이다. 예컨대 『라케스』에서 소크라테스는 '용기'가 무엇인지 알지 못하는 자로서 '용기'의 전문가인 라케스 장군과 니키아스 장군과 문답을 벌인다. 대화는 플라톤의 대화편들이 거의 그렇듯 '아포리아aporia'로 끝난다. 소크라테스의 대화 상대방은 그동안 용기가 무엇인지 알고 있다고 생각했으나 지금 생각해 보니 실은 용기가 무엇인지 알지 못한다는 사실을 인정할 수밖에 없다고 한다. 『테아이테토스』에서는 대화의 끄트머리에 도달한 아포리아를 두고 "우리는 무정란Windei(無精卵)을 낳고 말았다"고 표현한다. 이 표현은 한편으로는 아포리아를, 다른 한편으로는 산파술을 나타낸다고 할 것이다. '아포리아aporia'라는 단어는 '없다 혹은 아니다'를 뜻하는 'a'와 'poros'가 결합한 것이다. '포로스'에는 여러 뜻이 있다. 소크라테스 연설 후반부 디오디마로부터 들은 이야기에도 '포로스와 페니아 신화'가 등장한다. 포로스는 피부의 숨구멍, 틈새, 하천에서 건너기 쉬운 얕은 곳, 출구 등을 뜻한다. 영어 지명의 - ford, 독일어 지명의 - furt가 희랍어 포로스에서 왔다. 영국 Oxford는 소가 건넌 포로스요, 독일 Frankfurt는 프랑켄 지방의 나루터다. 아포리아의 포로스는 특히 '출구出口'를 뜻한다. 그러니까 아포리아는 '출구 없음'. '출구 없는 상태'이다. 그래서 독일어로는 출구를 뜻하는 Ausweg, 출구 없다는 것을 나타내는 형용사 ausweglos, 이 형용사를 명사로 만드는 접미사를 붙여 Ausweglosigkeit라고 한다. 출구를 찾아 나섰는데 출구가 없다면 몹시 당혹스러울 것이다. 아포리아의 의미를 살린 영어 번역이 perplexity(당혹스러움)이다. 대화가 시작했을 때의 '지자-무지자' 관계는 대화 말미에 '무지자-지자'로 역전된다. 무지자를 자처했던 소크라테스가 자신의 무지함을 알기에 실은 지혜로운 자요, 지자라고 으스대던 이는 실은 자신이 무지하다는 것도 모르는 이라는 것이 밝혀진다. 자신이 무지하다는 것을 아는 이는 자신이 무지하다는 것도 모르는 이보다 이루 헤아릴 수 없을 만큼 더 지혜로운 것이다.

소크라테스의 문답법은 두 단계로 이루어진다. 그 첫 번째 단계는 '논박술elenchos, refutation'이라 하고, 두 번째 단계는 '산파술maieutikē, midwifery'이라고 한다. 논박술을 통해서 소크라테스는 대화 상대방이 내세우는 것이 epistēmē(앎)가 아니요 doxa(의견)에 불과하다는 것을 보여준다. 그런 다음 산파술을 통해서 소크라테스는 개화 상대방이 epistēmē를 낳도록 도와준다. 논박술을 소극적 단계라고 한다면, 산파술을 적극적 단계라고 할 수 있겠다. 논박술을 건축물을 지을 때 땅을 잘 고르고 든든한 기초를 놓는 일이라고 한다면. 산파술은 잘 다듬어진 토대 위에 튼실한 집을 짓는 일이다. 삼풍백화점이 무너진 것은 바로 이 두 가지를 제대로 해내지 못했기 때문일 것이다. 파사현정破邪顯正이라는 한자 표현이 있다. 잘못된 것을 없애는 '파사'를 논박술이라고 한다면, 올바름을 드러내는 '현정'을 산파술이라고 해도 좋겠다.

2.
아가톤 아포리아에 빠지다

소크라테스는 아가톤이 다른 연설자들과는 달리 에로스의 성격이나 본질을 먼저 밝히고 그 다음으로 에로스가 하는 일, 에로스의 선물을 말한 것은 잘한 것이라는 평가로 자신의 연설을 시작한다. 그러면서 에로스의 성격이나 본질과 관련해서 에로스가 '어떤 것(아무개)'의 사랑인지, 아니면 '아무것도 아닌 것(아무도 아닌 자)'의 사랑인지 묻는다. 아버지는 누군가의 아버지요, 어머니 역시 누군가의 어머니이다. 또 형제라고 함은 누군가의 형제라는 것을 말함이다. 아가톤은 에로스는 어떤 것(아무개)의 사랑이라고 답한다.

이렇게 해서 확보된 것은 '에로스의 관계성' 혹은 '에로스의 지향성'이다. 에로스는 어떤 것(누군가)과 관계를 맺고, 어떤 것(누군가)을 향해 있다. 에로스는 '어떤 것(누군가)에 대한 것 eros about something'이다. 이 대목은 현상학의 '의식의 지향성'을 떠올리게 한다. 인간의 의식은 늘 무엇인가에 대한 의식Bewuβtsein von etwas이다. 이것을 가리켜 의식의 지향성 intentionality, Intentionalität(志向性)이라고 부른다. 소크라테스가 묻고 아가톤이 답하는 과정에서 에로스의 '관계성' 혹은 '지향성'이 확보되었다.

'아무도 아닌 자'는 호메로스 『오디세이아』에서 오디세우스가 외눈박이 거인 키클로페스Kyklopes의 폭압에서 벗어나는 이야기를 떠올리게 한다. 거인 키클로페스에게 잡혀 갇히게 된 오디세우스 일행은 두려움에 떤다. 곧 차례로 죽음을 당할 판이다. 키클로페스가 "너 누구냐"고 묻자 오디세우스는 '아무도 아닌 자outis, nobody'라고 답한다. 신의 한 수다. 키클로페스가 포도주를 들이키고 잠에 곯아떨어지자 오디세우스 일행은 거대한 나무에 달려들어 그 끝을 날카롭게 깎는다. 그리고선 이것을 들러메고는 키클로페스의 눈을 찌른다. 하나 뿐인 눈에서 피를 흘리며 흥분한 키클로페스가 큰 소리로 친구들을 불러 모은다. 쿵쾅거리며 나타난 거인족 친구들이 "누가 그랬어"라고 묻자 키클로페스는 '아무도 아닌 자'가 그랬다고 한다. 서양 언어에서 "아무도 아닌 자가 그랬다"는 것은 "아무도 그러지 않았다"를 뜻한다. 도와주러 온 거인족 친구들은 싱겁다는 듯 돌아가고 오디세우스 일행은 무사히 탈출하게 된다. 오디세우스의 '아무도 아닌자'라는 표현이 일행을 살렸다. 오스트리아 작가 미하엘 쾰마이어는 그리스 신화를 현대적으로 각색한 책을 썼다. 『신 그리스 신화』라는 제목으로 번역되어 나왔다. 여기에 3형제가 등장한다. 그 이름이 재미있다. 첫째는 '아무도 아니다'요. 둘째는 '그 누구도 아니다'요, 셋째는 '바보'이다. 어느 날 막내인 '바보'가 화가 잔뜩 나서 경찰서를 찾았다. 그의 발언은 이렇다. "'아무도 아니다'가 내 머리에 침을 뱉는 것을 '그 누구도 아니다'가 보았어요." 경찰관이 이 말을 듣고 "당신 '바보'요?" 하자 "예"라고 답했다고 한다. "'아무도 아니다'가 침을 뱉었다"는 것은 "아무도 침을 뱉지 않았다"는 것이요, "'그 누구도 아니다'가 보았다"는 것은 “그 누구도 보지 않았다”는 것이다. 아무도 침을 뱉지 않았고, 그 누구도 보지 않았는데 경찰서에 신고하러 온 사람은 바보가 틀림 없다.

‘관계성’ 및 ‘지향성’ 다음으로는 ‘욕구’와 ‘결여’ 개념이 도입된다. 에로스는 사랑의 대상을 욕구한다. 그런데 이때 ‘욕구한다는 것’은 자신이 갖고 있지 않은 것, 곧 자신에게 결여된 된 것을 욕구한다. 키가 크지 않은 자가 크기를 바라고, 힘이 세지 않은 자가 세게 되기를 바란다. 이 논의에서는 ‘결여’, ‘결핍(영어 privation, 라틴어 privatio)’ 개념이 결정적 역할을 한다. 그런데 이런 경우는 어떤가? 누군가 건강한데 건강하기를 바라고, 부유한데 부유하기를 바란다고 해보자. 이런 경우에는 ‘시간성’ 개념이 도입된다. 그러니까 “나는 지금 건강한데 앞으로도 건강하기를 바란다”거나 “나는 지금 부유한데 앞으로도 부유하기를 바란다”고 보는 것이다.

이제 소크라테스는 지금까지의 논의를 정리한다. 에로스는 첫째로, 어떤 것에 대한 것이요(관계성, 지향성), 둘째로, 에로스는 현재 자신에게 부족한 것에 대한 욕구이다. 그런데 어떤가? 앞선 연설에서 아가톤은 에로스는 ‘가장 아름다운 것'이라고 했다. 에로스는 아름다운 것들에 대한 사랑이요 추한 것들에 대한 사랑은 없다고도 했다. 에로스는 아름다움에 대한 사랑이지 추함에 대한 사랑이 아니라고도 했다. 방금 도입된 '결핍' 개념을 쓰자면 에로스는 결핍된 것을 욕구하는 것이요, 자신에게 결핍된 것은 아름다움이다. 아름다움이 결핍된 것을 아름답다고 말할 수는 없다. 그렇다면 에로스를 아름답다고 말할 수도 없다. 앞서 아가톤은 에로스를 '가장 아름다운 것', '가장 훌륭한 것', '가장 행복한 것'으로 규정했는데, 방금 소크라테스의 결핍론에 비추어 보면 모두 논파된다. 에로스는 자신에게 결여된 '아름다운 것', '훌륭한 것', '행복한 것'을 욕구하는 것이다. 그렇다면 에로스 자체가 가장 아름다운 것일 수 없다.

소크라테스는 여기에서 "좋은 것들은 또한 아름다운 것들이다"라는 명제를 말한다. '좋다good'는 희랍어로 아가토스agathos, '아름답다'는 희랍어로 칼로스kalos이다. 그런데 고대 세계에서 이 두 가지가 분명하게 구별되었던 것은 아니다. 아가토스는 '좋다', '용감하다', '선하다', '훌륭하다', '이롭다' 등을 뜻하고, 칼로스는 '아름답다', '고상하다', '훌륭하다', '멋지다' 등을 뜻하고, 서로 교체적으로 쓰일 수도 있었다. 현대적 사고 방식으로는 '좋음'과 '아름다움'은 범주적으로 구별된다. 서로 다른 범주에 속한다는 말이다. 논리학에는 다른 범주에 속하는 두 가지를 같은 범주로 취급하는 것을 가리키는 '범주 오류category mistake'라는 용어도 있다. 고대나 중세에는 전혀 사정이 달랐다. '좋음'과 '아름다움'이 교체적으로 쓰였다는 것을 이해해야 한다. 그래서 중세에는 라틴어 도식 'verum - bonum - pulchrum - unum'이 있었는데, "옳음眞, 훌륭함善, 아름다움美이 하나一"라는 것이다.

아가톤이 연설을 마치자 박수갈채가 쏟아졌었다. 얼마 전 일이다. 소크라테스의 몇몇 물음에 아가톤이 답하다 보니 이 지경에 이르렀다. 아가톤은 조금 전 자신이 말했던 것 가운데 하나도 알지 못하는 것 같다고 고백한다. 전형적인 아포리아 상태다. 플라톤 대화편 대부분은 아포리아로 끝난다. 소크라테스 문답법의 결과이다. 이날 심포시온에서 의심의 여지 없는 경합의 승리자로 꼽혔던 아가톤은 아포리아에 빠져 소크라테스를 반박할 수 없노라고 말한다. 그러자 소크라테스는 자신에게 반박할 수 없는 것이 아니라 진리에 대해 반박할 수 없는 것이라고 한다. '소크라테스를 반박하는 것'과 '진리를 반박하는 것'이 대립된다. 플라톤 『국가』에서는 소크라테스가 호메로스를 비판하는 대목이 나온다. 어려서부터 지녀온 호메로스에 대한 경외감에도 불구하고 호메로스를 비판하고자 한다. 진리가 사람보다 더 중요하기 때문이라고 한다. 20년 동안 플라톤의 제자였던 아리스토텔레스는 스승을 혹독하게 비판한다. 제자 아리스토텔레스의 스승 플라톤 비판은 서양 철학 혹은 서양 학문의 역동성을 잘 보여준다. 스승보다 중요한 것이 진리이다. 아리스토텔레스가 플라톤을 비판하면서 썼다고 하는 구호는 흔히 라틴어로 전해진다. Amicus Plato sed magis amica veritas. 플라톤은 친구이다. 그러나 진리는 그보다 더 한 친구이다. 여기에서 아미쿠스(친구)는 비유적으로 쓰였다. 스승은 친구가 아니다. 플라톤은 나에게 소중한 존재이다. 그러나 진리는 그보다 더 소중하다.

10

디오티마의 가르침

1. 사랑의 양가성

앞서 언급했듯이 소크라테스의 연설은 크게 두 부분으로 나뉜다. 그 하나는 소크라테스가 묻고 아가톤이 답하는 부분이다. 다른 대화편에서도 흔히 그렇듯 아가톤은 아포리아에 빠지고 만다. 이런 아가톤을 놓아주고 소크라테스는 연설을 계속한다. 소크라테스의 연설 후반부, 디오티마로부터 들은 이야기이다. 소크라테스 역할의 변화에 주목할 필요가 있다. 전반부에서는 소크라테스가 묻고 아가톤이 답한다. 후반부에서는 디오티마가 묻고 소크라테스가 답한다. 전반부에서 소크라테스는 묻는 자요, 후반부에서 소크라테스는 답하는 자이다. 전반부에서 논의의 주도권은 소크라테스가 쥐지만, 후반부에서는 디오티마가 우월하다. 그러니까 '디오티마로부터 들은 이야기'는 그 성격상 '디오티마에게서 받은 가르침'이라고 할 것이다. 플라톤은 '만티네아의 디오티마'라는 가상 인물을 등장시킨다. 만티네아Mantinea 혹은 만티네이아Mantineia라는 지명은 앞서 아스토파네스 연설에서 1차로 쪼개진 인간의 모습을 아르카디아 사람들이 스파르타 사람들에 의해 나뉘는 것으로 표현할 때 암시되었다. 폴리스 만티네아는 이 싸움으로 4개로 쪼개지고는 결국엔 해체되고 만다. 그러니까 만티네아는 사라지고 없는 비운의 나라이다. 디오티마를 하필 지금은 없는 나라 만티네아 출신으로 설정한 것은 다분히 의도가 있어 보인다. 가상 인물을 등장시키자면 예전에 존재했으나 지금은 없는 나라 출신이라는 것보다 더 적절한 것은 없을 것이다. 게다가 만티네아라는 지명은 예언자나 델피의 무녀를 뜻하는 만티스mantis를 연상시킨다. 만테이아manteia는 예언의 능력이나 신탁을, 만테이온manteion은 신탁의 대답을 뜻한다. 다음으로 디오티마Diotima라는 이름을 살펴보자. 디오티마는 제우스의 소유격 디오스Dios와 존경, 존중, 숭배라는 뜻의 티메timē가 결합된 것이다. '제우스의 숭배 혹은 존중'은 두 가지를 동시에 뜻한다. 우리 말 문법에는 없지만 희랍어, 라틴어, 독일어에는 '격변화'가 있다. '2격'의 경우 '4격적 2격genitivus objectivus'으로 해석될 수도 있고 '1격적 2격genitivus subjectivus'으로 해석될 수도 있다. '4격적 2격'으로 해석하면 '제우스를 숭배하는 자'가 되고, '1격적 2격'으로 해석하면 혹은 '제우스가 존중하는 자'가 된다. 우리 말에는 '격'이라는 문법이 없지만 예컨대 '너는 나의 숭배자이다'라는 표현을 들여다 보자. 누가 누구를 숭배한다는 것일까? '너는 나의 숭배자이다'를 서양어 문법 '4격적 2격'을 적용하면 '너는 나를 숭배하는 자이다'가 되고, '1격적 2격'을 적용하면 '너는 내가 숭배하는 자이다'가 된다. 너와 나 사이에 누가 숭배하고, 누가 숭배되는지가 완전히 상반된다. 디오티마라는 이름은 이 두 가지를 모두 담고 있다고 하겠다. 이 이름은 확실히 종교적, 예언자적 면모를 보여준다. 제물을 바치는 아테네 사람들에게 역병을 10년 늦추어 주었다는 표현이 이를 뒷받침해 준다. 플라톤은 『심포시온』에서는 지혜 사랑으로 명망 높은 소크라테스가 여인 디오티마로부터 에로스와 관련된 일을 배우는 것으로 설정하고, 『메넥세노스』에서는 아테네 전성기의 지도자 페리클레스가 지성적 여인 아스파시아로부터 변론술을 배우는 것으로 묘사

한다. 이것은 『국가』(453c-466e)와 『법률』(781-b, 804d-806c)에서 강조한 '남녀 양성 평등'과 같은 맥락이라고 볼 수 있겠다. 남성이 탁월한 여성 혹은 여신으로부터 가르침을 받는다는 구도는 시인들이 무사Mousa 여신들을 소환한다거나 파르메니데스가 이름 모를 여신으로부터 이야기를 들었다고 하는 것, 보에티우스가 『철학의 위안*Consolatio Philosophiae*』에서 여신의 가르침과 위로를 받는 것에서 그 유례를 찾아볼 수 있다.

디오티마로부터 들은 이야기라는 구도는 액자식 구성에서도 가장 여러 개의 액자가 동원된 부분이다. 소크라테스가 디오티마로부터 들었다고 이야기 하는 것을 심포시온 현장에 있었던 아리스토데모스가 아폴로도로스에게 들려주고, 아폴로도로스는 팔레론에서 아테네로 가는 길에서 어떤 일행을 만나 이 이야기를 들려줄 것을 요청받는다. 디오티마가 맨 바깥 액자이고, 그 다음이 소크라테스라는 액자라면, 그 다음은 아리스토데모스라는 액자이고, 그 다음이 아폴로도로스라는 액자요, 맨 안쪽 액자가 아폴로도로스를 길에서 불러 세우고는 이야기를 청하는 이들이다.

'아름다움'과 '추함'의 관계를 생각해 보자. 아름답지 않으면 추한 것인가? 추하지 않으면 아름다운가? 여기에서 디오티마는 '둘 사이의 어떤 것ti metaxy'이라는 개념을 도입한다. 이 개념은 언어권 별로 다양하게 표현되어 왔다. 흔히 영어로는 the intermediate, something halfway between, something betwixt the two로 표련된다. 독일어로는 Mittelstellung이라거나 Zwischensein으로 표현된다. 이 '둘 사이의 어떤 것'은 네 대립쌍을 통해 드러난다. '좋다agathos'와 '나쁘다kakos' 사이의 어떤 것, '아름답다kalos'와 '추하다aischros' 사이의 어떤 것, '지혜롭다sophos'와 '무지하다amathes' 사이의 어떤 것, '불사athanatos'와 '죽게 마련이다thnētos' 사이의 어떤 것이 있다. '아름다움'이 아니면 '추함'인 것이 아니다. 즉 '아름다움'과 '추함'이 합해서 전체를 이루는 관계, 서로 배제적exclusive 관계가 아니다. 특히 '불사인 것'과 '죽게 마련인 것' 사이의 어떤 것, 신과 인간 사이의 어떤 것으로는 '정령' 혹은 '신령daimōn'이 언급된다. 신과 인간 사이의 중개자가 다이몬이요, 그것 가운데 하나가 에로스라고 한다. '사이의 어떤 것'이 에로스의 특질이다.

세상 사람들이 부르는 노래, 특히 대중이 즐겨 부르는 노래 대부분의 주제는 사랑이라고 해도 과언이 아닐 것이다. 우리나라 최초의 시이자 노래로 전해지는 <공무도하가>도, 고구려 유리왕이 지었다는 <황조가>도 사랑을 노래한다. 양희은은 <사랑 그 쓸쓸함에 대하여>에서 “도무지 알 수 없는 한 가지, 사람을 사랑하게 되는 일, 참 쓸쓸한 일”이라고 노래한다. 김광석은 “너무 아픈 사랑은 사랑이 아니라”고 한다. “내 눈에 눈물, 니 눈에 피눈물”이라는 요즘 젊은이들의 노래도 노랫말의 서정성은 현저히 줄어들었지만 사랑을 노래하기는 매 한 가지다. 다들 사랑을 노래하고 사랑을 말하지만 이승철의 노래처럼 “사랑은 참 어렵다.” 사랑은 가장 부드럽고 온화하고 평화로운 것일 텐데 최근 불거지는 ‘데이트 폭력’처럼 어둡고 더럽고 사나운 것이 되기 일쑤다. 아마도 그래서 그토록 오랫동안 텔레비전에서는 <사랑과 전쟁>이라는 제목의 프로그램이 방영되는지 모른다.

디오티마는 에로스 탄생 신화를 통해 사랑의 양가성 ambivalence(兩價性)을 말한다. 그런데 이 에로스 탄생 이야기는 우리가 알고 있는 것과 다르다. 그리스 신화에서는 흔히 이렇다. 여러 버전이 존재한다. 보통 우리가 알기로는 아프로디테와 에로스는 모자간이다. 에로스는 아레스와 아프로디테 사이에서 태어난 아들로 알려져 있다. 디오티마가 전하는 바에 따르면 아프로디테가 태어났을 때 신들이 잔치를 열었다. 이 자리에는 포로스Poros(방책, 꾀)도 있었다. 잔치가 벌어지면 으레 그렇듯 구걸하러 오는 이가 있었는데 페니아Penia(궁핍, 결핍)이다. 포로스가 넥타르에 취해 제우스의 정원으로 들어가 잠들었다. 페니아가 동침하여 아이를 낳았는데 이 아이가 에로스이다. 아름다움의 여신 아프로디테의 생일 날 태어난 에로스는 아프로디테의 추종자이자 심복으로서 아름다운 것을 사랑하는 자가 되었다. 이런 에로스 탄생 신화, 에로스의 기원은 오직 이 『심포시온』에서만 발견된다. 아프로디테의 아들이라는 일반적 견해와는 달리 포로스와 페니아의 아들로 등장한다. 에로스는 아버지 포로스를 닮아서 아름다운 것들과 좋은 것들을 얻을 계책을 꾸미고, 용감하며 능수능란하고 지혜를 사랑한다. 또 에로스는 어머니 페니아를 닮아서 늘 가난하고 거칠며 집도 절도 없이 맨바닥에서 자고 결핍 속에서 산다. 사랑의 양가성에 대한 절묘한 신화적 표현이다. 사랑은 그 자체로 좋기만 한 것, 우아한 것, 아름다운 것이 아니요, 포로스적인 것과 페니아적인 것이라는 두 얼굴을 지니고 있다. 그런데 왜 하필 아버지를 닮아서는 긍정적인 성질을 지니고 어머니를 닮아서는 부정적 성질을 지닌다고 했을까? 이와는 반대로 설정해서 아버지를 닮아서는 부정적이요 어머니를 닮아서는 긍정적이라고 할 수도 있지 않은가? 『국가』와 『법률』에서 뚜렷이 볼 수 있듯 플라톤은 남녀평등사상을 주창한다. 에로스가 아버지를 담아 긍정적이요 어머니를 닮아 부정적이라는 것은 '자연성'이 아니라 '문법성'에 기인한다. 그러니까 희랍어에서 포로스는 남성 명사이고 페니아는 여성 명사이다. 이 에로스 탄생 신화는 앞서 언급된 '사이의 어떤 것ti metaxy'과 결합된다. 에로스는 불사하는athanatos 자로 태어나지도 않았으며 사멸하는thnētos 자로 태어나지도 않았으며, 궁핍하지도 부유하지도 않으며, 지혜와 무지의 중간에 있다고 한다.

신들 중의 아무도 지혜로워지려고 욕구하지 않는다. 그들은 이미 지혜롭기 때문이다. 또한 무지한 자들도 지혜로워지려고 욕구하지 않는다. 지혜와 무지의 중간에 있는 에로스는 필연적으로 지혜를 사랑하는philosophos 자이다. '지혜롭다sophos'와 '무지하다amathes' 사이에 '지혜를 사랑한다philosophos'가 있고, '지혜sophia'와 '무지amathia' 사이에 '지혜 사랑philosophia'이 있다. 인간을 신과 짐승 사이의 중간자로 본다면, 지혜 사랑philosophia은 인간의 일이요 인간이라면 반드시 해야 하는 일이다. 지혜 사랑이 인간을 인간이게 한다. 지혜를 사랑하기에 인간이다. 이미 지혜로운 자는 지혜로워지려고 하지 않고, 무지한 자 역시 지혜로워지려고 하지 않는다는 것은『메논』80e의 '탐구의 역설'을 연상시킨다. 사람은 자기가 알고 있는 것도 알지 못하는 것도 결국 탐구할 수 없다. 왜냐하면 자기가 알고 있는 것은 탐구할 필요가 없어 탐구하려 하지 않을 것이고, 알지 못하는 것의 경우 탐구할 것이 무엇인지 알지 못하여 탐구하지 않을 것이기 때문이다.

중간자로서의 에로스는 아름다운 것(좋은 것)이 언제나 자신에게 있게 되기를 바라는 것이요, 혼과 몸에 있어서 아름다운 것에 자식을 출산하는 것이다. 여기에서 특히 주목해야 할 것은 몸 뿐만 아니라 혼에 있어서의 임신과 출산spiritual pregnancy and parturition을 동시에 언급하고 있다는 사실이다. 임신과 출산은 신적인theios 일이요, 죽기 마련인 인간이 불사에 참여하는 일이다. 그런데 추한 것은 신적인 것과 조화되지 못한다. 오로지 아름다운 것만이 신적인 것과 조화를 이룬다. 따라서 임신과 출산에서는 아름다움의 여신Kallonē이 운명의 여신Moira이며 분만의 여신Eileithyia이다. 디오티마는 아름다운 것 속의 임신과 출산에 양육을 덧붙인다. 새끼를 위해서는 가장 약한 것들이 가장 강한 것들과 끝까지 싸우다가 그것들을 위해 죽을 준비가 되어 있으며, 그것들을 길러내기 위해 자신들은 굶주림으로 해서 기진맥진 상태에 이른다고 한다. 얼마 전 「동물의 왕국」이라는 텔레비전 프로그램에서 본 장면이다. 작은 새가 알을 딱 그만한 크기 자갈 투성이 해변에 낳고서는 공중을 맴돌며 경계 태세를 취한다. 그런 곳에 알을 낳은 것은 일종의 위장술로 알을 지켜내기 위해서일 것이다. 그런데 덩치 큰 맹금류 새가 다가온다. 작은 새는 제 몸을 큰 새에 세차게 부딪혀 알 가까이 가지 못하게 한다. 큰 새에 쪼여 피투성이가 되어서도 멈추지 않는다. 결국 큰 새는 그 자리를 떠나고 작은 새는 그만 땅에 떨어지고 만다. 그 작은 새가 살게 되는지는 보여주지 않는다. 자식을 지켜내기 위해 죽음도 무릅쓰는 것은 분명하다. 지금까지의 논의를 뭉뚱그려서 표현한다면 "몸과 혼에 있어서의 임신, 출산, 양육은 죽을 수밖에 없는 존재인 인간이 불사에 참여하는 일이다."

몸의 경우 평생에 걸쳐 일부는 생겨나고 일부는 소멸한다. 우리는 어린아이일 때부터 노인이 될 때까지 같은 사람ho autos인 것으로 말한다. 하지만 머리카락과 살, 뼈와 피, 몸 전체는 늘 새로워지고 있고 달라진다. 머리카락과 손톱은 새로 나고 또 빠져 없어진다. 몸만 그런 게 아니라 혼도 마찬가지이다. 성향, 성품, 의견, 욕구, 즐거움, 괴로움, 두려움 등도 일부는 생겨나고 일부는 사라진다. 앎epistēmē(지식)의 경우에도 망각lēthē을 통해 앎이 나가버리지만 학습melethē을 통해 앎이 보존된다. 몸과 혼에 있어서의 자기 보존은 사멸하는 것이 불사에 관여하는 것이다. 그런 까닭에 모든 것이 본성상 자신의 새순을 귀히 여긴다. 사랑이 모든 것에 뒤따르는 것은 죽지 않음을 위해서이다. 이 논의는

'자기 동일성self identity'의 문제를 떠올리게 한다.

몸에 있어서의 임신, 출산, 양육 뿐만 아니라 혼에 있어서의 임신과 출산도 함께 언급된다는 것을 앞에서도 밝힌 바 있다. 혼이 임신하고 출산하는 것은 바로 지혜phronēsis, 용기(여기서는 aretē), 절제sōphrosynē, 올바름dikaiosynē이다. 앞서 아가톤이 든 에로스의 훌륭함 네 가지와 다르지 않다. 몸과 혼에 있어서의 임신과 출산은 사멸하는 존재인 인간이 불사에 참여하는 일이다. 자식을 자신의 분신으로 생각하고, 자식을 낳음으로써 자신이 지속된다고 생각한다. 혼에 있어서의 임신과 출산으로 불사에 참여한다는 것은 명예와 명성을 통해 이루어진다. 디오티마는 인간의 명예욕philotimia이 얼마나 대단한지를 말한다. 신화에서 알케스티스, 아킬레우스, 코드로스는 죽음을 통해 불멸의 기억을 쌓는다. 베토벤은 혼에 있어서의 임신과 출산의 결과물로 음악을 남겨 불사에 참여한 셈이다. 「불후의 명곡」이라는 이름의 TV 음악 프로그램이 있다. '불후不朽'는 '불사不死'와 같다. 썩지 않고 죽지 않는 음악은 혼에 있어서의 임신과 출산 가운데 하나이다.

2.
아름다움의 큰 바다와 아름다움의 사다리

소크라테스는 가상의 인물인 여사제, 제사장이라는 디오티마로부터 들은 이야기를 소개하는데, 이 부분에 '이데아 이론theory of ideas'이 개진된다. 우리는 수많은 '아름다운 것'들을 우리의 눈, 육안肉眼으로 본다. 이 아름다운 것들은 감각의 대상으로서 끊임없이 생성되고 소멸한다. 그런데 아름다운 것을 아름답게 만드는 것은 무엇인가? 아름다운 것은 어떻게 해서 아름다운가? 아름다운 것을 아름다운 것으로 되게 하는 것, 곧 '아름다움 자체'는 '아름다운 것'과는 달리 우리의 육안으로 포착되지 않는다. 그것을 포착하는 것은 이를테면 우리의 심안心眼이다. 아름다움 자체는 감각의 대상이 아니라 지적 직관의 대상이다. 이 지적 직관의 대상을 플라톤은 '이데아'라고 부른다. 끊임없이 변화를 겪는 사물과 달리 이데아는 언제나 한결같다. 이데아는 불멸의 본성,

즉 실재성實在性을 갖는다. '아름다운 것'은 여럿이지만 '아름다움 자체', '아름다움의 이데아'는 하나이다. 미인은 수없이 많지만 그 미인들을 '아름다운 사람들'로 만드는 '아름다움의 이데아'는 오직 하나이다. 플라톤이 우리에게 요구하는 것은 육안으로만 보려고 하지 말고 심안으로도 볼 줄 알라는 것이다. 심안이라는 눈을 뜨라는 것이다. 참으로 있는 것은 이데아들 뿐이기 때문이다.

아름다움의 이데아를 파악하기까지의 과정은 아름다움의 큰 바다를 항해하는 일, 아름다움의 사다리를 오르는 일로 비유할 수 있다. 우선 우리는 어떤 이의 몸의 아름다움, 곧 '한 육체의 아름다움'에 주목한다. 그런 다음에는 어느 한 사람의 몸이 아닌 '모든 육체의 아름다움'에 눈을 뜬다. 또 그 다음으로는 '혼들의 아름다움', '관행과 법률의 아름다움', '학문들의 아름다움'을 향해 나아간다. 이런 과정은 아름다움의 큰 바다를 항해하는 것이요, 아름다움의 사다리를 한 계단 한 계단 오르는 것이다. 플라톤은 그러다 어느 날 갑자기, 별안간, 불현듯, 순식간에, 문득exaiphnes '본성상 아름다운 어떤 놀라운 것'을 직관하게 된다고 한다. 이 '본성상 아름다운 어떤 놀라운 것'이란 플라톤의 표현 방식으로는 다른 곳에서는 '아름다움', '아름다움 자체', '아름다운 것 자체', '하나의 아름다움', '놀라운 아름다움', '신적인 아름다움', '아름다움의 이데아'라고 불렸던 것이다.

플라톤에 따르면 세상에는 두 가지 것들이 존재한다. 그 한 가지는 사물들 혹은 현상들인데 이것들은 인간이 지닌 감각적 지각aisthēsis이라는 능력으로만 포착된다. 감각적 지각을 오관five senses(五官)이라고도 한다. 누구나 다 알고 있듯 시각, 청각, 후각, 미각, 촉각이 그것이다. 사물들 혹은 현상들, 예컨대 책상들, 아름다운 것들, 삼각형들 등을 감각적 지각에 의해 포착되는 것들, '타 아이스테타ta aisthēta'라고 부른다. 그런데 이 다섯 가지 감각이 대등하지 않다. 인식과 관련해서는 시각이 압도적으로 중요하다. 물론 시각이 중요하다고 해서 다른 네 가지 감각이 없어도 된다는 것은 아니다. 다섯 가지 감각이 총동원되어 이 세상을 포착하지만 그 가운데에서도 시각이 가장 큰 몫을 차지한다. 플라톤이 이데아 인식을 말하면서 '본다'거나 '직관한다'와 같은 시각적 표현을 쓰는 이유가 바로 이것이다. 우리의 오관은

완전하지 않다. 달리 표현하자면 이 세상은 오관에 포착되는 꼭 그대로 존재하지 않는다. 시각을 예로 들어보자. 물이 담긴 컵에 젓가락을 넣어 본다. 젓가락은 휘어 보인다. 젓가락을 물컵에서 꺼낸다. 젓가락은 휘지 않았다. 멀쩡하다. 우리 시각은 물컵 속의 젓가락이 휜 것으로 포착하지만 실은 젓가락은 휘지 않았다. 이런 것은 빛의 굴절 현상에 기인하는 것으로 배운다. 기차 선로를 바라보면 저 끝에서 서로 만나는 것으로 보인다. 어떤 이는 기차 선로가 어느 지점에서 만나는지 확인하고 그 지점까지 걸어가 본다. 그 지점에서 본 기차 선로는 만나지 않는다. 평행을 유지한다. 그 지점에서 바라보면 기차 선로는 저기 터널 입구에서 만나는 것으로 보인다. 터널 입구까지 걸어가 본다. 터널 입구에서 기차 선로는 만나지 않는다. 평행을 유지한다. 기차 선로가 만나는지 끝까지 추적하고자 한다면 한도 끝도 없이 계속 기차 선로를 따라 걷게 생겼다. 우리는 알고 있다. 우리 눈에는 기차 선로가 서로 만나는 것으로 보이지만 실은 기차 선로는 처음부터 끝까지 평행을 유지하지 서로 만나는 일이란 없다. 황달에 걸린 사람에게는 이 세상이 노랗게 보인다. 그러나 세상은 노랗지 않다. 청각을 예로 들어 보자. 지구가 13.5° 기울어져서 공전 및 자전한다고 한다. 세상 모든 것은 굴러가면서 소리를 내기 마련이다. 그러니 지구가 많은 사람, 자동차, 수목, 건물, 바다와 산들을 싣고 공전 및 자전하는 소리는 엄청날 것이다. 다행히 인간은 진동수 18 Hz에서 20,000 Hz 사이만 듣도록 진화했다고 한다. 누군가 지구 돌아가는 소리를 듣게 된다면 견딜 수 없을 것이다. 다행히도 우리 청각은 지구 돌아가는 소리를 듣지 못한다. 이 세계는 우리 눈에 보이는 대로, 우리 귀에 들리는 대로 존재하는 것이 아니다.

세상에 존재하는 다른 한 가지는 이데아들인데 이것들은 인간이 지닌 지적 직관noēsis이라는 능력으로만 포착된다. 책상들, 아름다운 것들, 삼각형들에 대응해서 책상의 이데아, 아름다움의 이데아, 삼각형의 이데아가 있다. 이 이데아들을 지적 직관에 의해 포착되는 것들, '타 노에타ta noēta'라고 부른다. 그렇다면 세상에 존재하는 두 가지 것들이란 바로 '타 아이스테타'와 '타 노에타', 감각적 지각으로 포착되는 것들과 지적 직관으로 포착되는 것들, 사물들 혹은 현상들과 이데아들이다. 『국가』의 '동굴의 비유'에서 동굴 안은 사물들 혹은 현상들의 세계요, 동굴 밖은 이데아들의 세계를 나타낸다.

사물과 이데아는 어떻게 다른가? 책상과 책상의 이데아를 통해 알아보자. 첫째로, 우선 사물은 끊임없는 생성, 소멸, 운동, 변화를 겪는다. 내 방의 이 책상은 원래 없었다. 목공소에서 뚝딱 만들어졌다. 이 '없음'으로부터 '있음'에로의 이행을 '생성'이라고 한다. 그런데 누군가 화가 난다고 내 책상에 휘발유를 끼얹고 불 질렀다. 책상은 '있음'에서 '없음'으로 이행한다. 이를 '소멸'이라고 한다. 또 누군가 이 방의 책상을 다른 방으로 옮겨버렸다. 이런 장소의 변화를 '운동'이라고 한다. 그래서 안 되겠지만 누군가 화가 나서 책상을 냅다 발로 차버렸다. 책상이 부러지고 찌그러졌다. 이런 성질의 달라짐을 '변화'라고 한다. 사물의 특징은 이런 생성, 소멸, 운동, 변화를 겪는다는 것이다. 이에 반해 이데아는 생성되지도 않고, 소멸되지도 않으며, 운동하지도 않고, 변화를 겪지도 않는다. 이런 점을 가리켜 '항상 있다aei on', 영원불변하다고 표현한다. 둘째로, 수적인 관점에서 보자면 사물은 '여럿'이고 이데아는 '하나'이다. 단 '하나'의 책상의 이데아에 대응해서 '여러' 책상들, 예컨대 목제 책상과 철제 책상, 키 낮은 책상과 키 높은 책상, 성인용 책상과 아동용 책상, 둥근 책상과 각진 책상, 내 방의 책상과 친구 집의 책상 등이 있다. '하나'의 아름다움의 이데아에 대응해서 무수히 많은 아름다운 꽃들, 아름다운 집들, 아름다운 책들, 아름다운 가구들이 있다. '하나'와 '여럿'이 대립한다. 사물과는 달리 이데아는 하나라는 것을 나타내는 표현이 '미아 이데아mia idea(하나의 이데아)'이다. 셋째로, 사물들은 감각적 지각으로 포착되고, 이데아들은 지적 직관으로 포착된다. 이와 관련해서 흔히 사물들은 육안肉眼으로 보고 이데아들은 (心眼)으로 본다고 표현하기도 한다. 감각적 지각 다섯 가지 가운데 인식과 관련해서는 시각이 압도적으로 중요하다. 그런 점에서 '육안으로 보기'와 '심안으로 보기'를 각각 '사물들의 인식'과 '이데아들의 인식'에 대응시킬 수 있다. 이런 각도에서 보자면 플라톤의 이데아 이론은 심안을 뜨라는 일종의 개안 수술 권고라고 할 수 있다. 인간에게는 육안뿐만 아니라 그보다 더 고차적인 심안도 있는데 대부분의 인간은 오로지 육안으로만 보려 하고, 육안만 있다고 생각하고, 심안으로는 보려들지 않는다. 그렇게 해서는 이데아를 인식할 수 없다. 그리스 신화에서 테이레시아스Teiresias는 목욕하는 아테나를 훔쳐본 죄로 눈이 멀지만 최고의 예언 능력을 갖는다. 눈이 먼 테이레시아스는 대부분의 인간이 볼 수 있는 것을 보지 못한다. 반면에 테이레시아스는 대부분 인간이 보지 못하는 것을 본다. 플라톤의 대화편들에서는 육안이 흐려져야 심안이 빛난다는 취지의 표현이 여러 번 나온다. 이데아 이론은 육안에만 매몰되지 말고 심안으로도 볼 줄 알라는 권고이기도 하다.

고전 읽기의 즐거움 | 플라톤 『심포시온』

11

알키비아데스의 연설

PLATON ***SYMPOSION***

1.

디오니소스처럼 나타나다

소크라테스의 연설이 끝나고 상황이 급변한다. 갑자기 몹시 시끄럽게 문 두드리는 소리가 났다. 집 주인 아가톤은 하인더러 가까운 친구들이면 불러들이고 그렇지 않다면 이미 술자리는 파했고 잠자리에 들었노라 말하고 돌려보내라고 한다. 곧 잔뜩 취해 몇몇 추종자들의 부축을 받는 알키비아데스가 큰 소리를 질러대며 등장한다. 그는 담쟁이와 제비꽃으로 만든 화관花冠을 쓰고 머리에는 아주 많은 띠tainia를 두르고 있었다. 이런 알키비아데스의 등장은 신화에서 디오니소스가 등장하는 장면을 빼닮았다. 술의 신 디오니소스는 으레 얼큰히 취한 상태에서 사티로스들의 부축을 받고 휘청거리면서 우당탕탕 소란스런 소리를 내며 나타난다. 알키비아데스가 쓴 화관도 디오니소스와 연관된다. 사람들은 주신酒神 디오니소스에게 담쟁이덩굴 화관kittou stephanos을 바친다. 비극 경연대회는 디오니소스를 기리는 행사이다. 이 대회에서 우승한 자에게 담쟁이덩굴과 제비꽃으로 만든 화관을 씌워주는 것이 관례였다. 어제는 오지 못했고 오늘에야 온 알키비아데스는 그저께 비극 경연대회에서 우승한 아가톤에게 이 화관을 씌워주고자 한다. 화관말고도 머리에 아주 많은 띠를 두르고 나타났는데 이 띠는 상이나 명예를 의미한다. 알키비아데스는 아가톤의 머리에 이 띠들을 꽂아 준다. 술에 취한 알키비아데스는 이때까지도 소크라테스도 있다는 것을 눈치채지 못했다. 그는 아가톤의 안내를 받아 그의 침상에 오른다. 그런데 그 침상에는 소크라테스가 자리 잡고 있었다. 그러니까 알키비아데스는 아가톤과 소크라테스 사이에 자리 잡게 되고 비로소 소크라테스가 있다는 것을 알고서는 소스라치게 놀란다. 아가톤은 그저께 한번 우승했지만 소크라테스는 많은 사람을 상대로 늘 이기는 자라고 한다. 알키비아데스는 아가톤의 머리에서 띠 몇 개를 떼어내서는 소크라테스 머리에 꽂아 준다. 『심포시온』 175e의 "디오니소스를 심판관으로 하여"라는 표현은 이중적 의미를 지닌다. 디오니소스의 첫 번째 판정은 알키비아데스가 띠 몇 가닥을 아가톤에게서 떼어내어 소크라테스에게 꽂아 주는 것으로 실현된다.

화관을 뜻하는 보통명사 스테파노스는 고유명사가 되어 사람 이름이 된다. 기독교 역사 상 최초의 순교자가 바로 성 스테파노스Stephanos, 라틴어로는 스테파누스Stephanus, 독일어로 스테판Stephan, 불어로 에티엔느Étienne이다. 오스트리아 수도 빈을 대표하는 건축물 스테판 대성당Stephans Dom은 이 성인에게 바쳐진 성당이다. 한국 천주교를 이끌던 김수환 추기경의 세례명도 스테파노스이다. 우리가 플라톤 대화편들에서 어떤 부분을 인용할 때 표기하는 '스테파누스 쪽수Stephanus pages'는 종교 탄압을 피해 제네바에 망명해 있던 프랑스 사람 Henri Étienne(라틴어 Henricus Stephanus 1528/31-1598)가 1578에 편찬한 플라톤 전집의 쪽수이다.

알키비아데스는 소크라테스의 제자이면서 소크라테스를 열렬히 사랑하는 자이다. 사랑의 아픔으로 밖에서 이미 많이 마셔 잔뜩 취한 상태로 아가톤의 집으로 쳐들어와서는 소크라테스를 향해 사랑의 투정을 부린다. 지금까지의 여섯 개 연설과는 완전히 결이 다른 알키비아데스의 사랑 이야기가 펼쳐진다. 소크라테스와 알키비아데스는 기원전 434년 경 처음 만난 것으로 보인다. 그때 소크라테스는 대략 35세, 알키비아데스는 대략 18세였던 것으로 추정된다. 두 사람은 파이데라스티아 관계였을 것이다. 명문 집안의 잘난 알키비아데스는 그야말로 롤로코스터 같은 삶을 산다. 젊은 나이에 아테네의 운명을 한 몸에 둘러맨 아테네 총사령관이 된다. 그런 그가 적국 스파르타에 투항하는 일이 벌어진다. 아테네의 총아가 아테네의 공적으로 추락한 것이다. 알키비아데스는 다시 극적으로 아테네 정치계로 귀환하는 데에 성공한다. 소크라테스의 재판에서도 알키비아데스와의 관계로 인해 생긴 아테네 사람들의 미움이 드러난다. 알키비아데스를 향한 미움이 스승이자 연인인 소크라테스에게 미친 것이다. 그런 알키비아데스가 뒤늦게 아가톤 네 심포시온에 나타난 것이다. 알키비아데스가 요란하게 등장하지 않았으면 소크라테스의 연설로 조용히 마감되었을 심포시온이 어수선하고 소란스러운 분위기에서 계속된다.

소크라테스는 알키비아데스의 '광기와 열정mania kai bakcheia'이 두렵다고 말한다. 이 표현은 알키비아데스 부분에서 2번

나온다. 알키비아데스의 '광기와 열정'은 소크라테스를 향한 사랑을 나타낸다. 중요한 것은 뒤에 나오는 '광기와 열정'이다. 이 '광기와 열정'은 곧 '철학'이다. 그러니까 '철학'을 '광기와 열정'으로 규정한 것이다. 철학은 희랍어로 필로소피아philosophia, '지혜 사랑'이다. 철학도 사랑인 한 '광기와 열정'인 것이다. 소크라테스를 향한 알키비아데스의 사랑을 규정한 '광기와 열정'이 이제 '철학'에 대한 규정이 되었다. '열정'으로 번역한 희랍어 박케이아bakcheia는 박코스Bakchos 신에서 왔는데, 박코스는 디오니소스 신의 다른 이름이다. 그리스 신화의 박코스Bakchos가 로마 신화에서는 박쿠스Bacchus가 되고, 우리나라에서는 박카스라는 자양강장제 음료의 이름이 되었다

2.
소크라테스를 말하다

플라톤은 자신의 대화편들에 소크라테스를 등장시킨다. 우리는 플라톤 대화편들의 소크라테스를 두고 '플라톤의 소크라테스Platonic Socrates'와 '역사적 소크라테스historical Socrates'로 구별해야 한다. '역사적 소크라테스'는 기원전 399년 사형을 선고받고 독미나리를 갈아 만든 독약을 들이키고 죽었으며, 크산티페의 남편이요 세 아들의 아버지이자 플라톤 등 많은 이의 스승인 소크라테스를 가리킨다. '플라톤의 소크라테스'는 플라톤 대화편에서 소크라테스로 등장하고 말하지만 실은 플라톤인 경우이다. 그러니까 플라톤이 소크라테스라는 가면을 쓰고 말하는 셈이다. 이 두 소크라테스를 구별해야 하는 사정은 왜 발생했을까? 그것은 소크라테스가 평생에 걸쳐 단 한 편의 글도 쓰지 않았기 때문에 생겨났다. 우리가 어떤 철학자의 철학을 알고자 한다면 그의 저서를 읽으면 된다. 그 철학자의 책을 읽는 것이야말로 가장 확실하고도 유의미한 방법이다. 소크라테스 이전 철학자들도 글을 남겼다. 인기 있는 제목은 페리 피세오스*Peri physeo)*였다. 희랍어 peri는 전치사로서 영어로는 on이나 about에 해당한다. 희랍어 physeos는 peri라는 전치사를 동반한 형태로 1격은 physis이다. 그러니까 페리 피세오스*Peri physeos*는 'physis에 대하여'라는 뜻이다. 희랍어 physis는 영어로 nature로 옮겨진다. 영어 nature는 첫째로 '자연'을, 둘째로 '본질' 혹은 '본성'을 뜻한다. 여러 철학자가 쓴 것으로 전해지는 책 제목 페리 피세오스*Peri physeos*는 '자연의 본질에 대하여'로 옮길 수 있겠다. 아낙시만드로스를 필두로 여러 사람이 바로 이 제목의 책을 썼다고 한다. 그런데 소크라테스는 단 한 줄의 글도 쓰지 않았다. 야스퍼스K. Jaspers가 말하는 '지혜가 축을 이룬 시대'의 공자, 석가, 예수 그리고 소크라테스의 공통점 가운데 하나가 직접 쓴 글이 없다는 점이다. 썼으나 현대 인류에게 전승되지 않은 것과 아예 작심하고 쓰지 않은 것은 크게 다르다. 소크라테스는 의도적으로 쓰지 않았다. 글쓰기에 관한한 제자인 플라톤이 스승인 소크라테스와 똑같은 길을 가고자 한다면 마찬가지로 쓰지 않았어야 했다. 그런데 플라톤은 쓰는 쪽을 택했다. 소크라테스가 등장해서 대화 상대방과 나누는 대화를 그려내는 독특한 글쓰기, 바로 대화편dialigue(희랍어 dialogos)이다. '역사적 소크라테스'를 두고는 오랫동안 플라톤과 크세노폰이 경합을 벌여왔다. 두 사람은 같은 제목의 책을 쓰기도 했다. 『심포시온』과 『소크라테스의 변론(아폴로기아)』이 바로 그것이다. 그러니까 플라톤의 『심포시온』과 크세노폰의 『심포시온』이 있는 셈이다. 『소크라테스의 변론』도 마찬가지이다. 플라톤의 『변론』만 있는 것이 아니라 크세노폰의 『변론』도 있다.

알키비아데스의 연설은 지금까지의 연설들과는 결이 다르다. 그는 소크라테스를 말한다. 연구자들은 이 대목을 '역사적 소크라테스'에 대한 증언으로 본다. '역사적 소크라테스'를 말하는 문헌은 많지 않다. 『심포시온』의 알키비아데스 연설이 주목받는 이유이다. 알키비아데스는 소크라테스의 사람됨을 한마디로 '아토피아atopia'로 규정한다. '장소'를 뜻하는 topos에 부정을 나타내는 접미사 a가 붙어서 된 아토피아는 특이하고 특별해서 쉽사리 나타내기 어려움, 범상치 않음을 의미한다. 피부 질환 아토피도 이 희랍어 단어에서 왔다. 알키비아데스는 예사롭지 않은 인물, 범상치않은 인물 소크라테스를 말한다.

우선 알키비아데스는 비유, 모상eikōn, similitude을 통해 말하겠다면서 소크라테스는 실레노스Silēnos, 사티로스Satyros, 마르시아스Marsyas를 닮았다고 한다. 실상 이 세 가지는 비슷비슷하다. 실레노스는 지혜롭고 나이 많은 사티로스이고, 마르시아스는 아울로스를 부느라 얼굴이 일그러진 사티로스이다. 실레노스, 사티로스, 마르시아스를 닮았다는 것은 볼품없는 외모를 지녔다는 것을 뜻한다. 소크라테스 두상이나 흉상은 여럿 전해 내려온다. 또 화가들이 그린 초상도 있다. 모두 소크라테스의 특이한 외모, 대머리, 퉁방울 눈, 두툼한 입술, 작은 키를 내보인다. 실레노스와도 같은 볼품없는 외모가 깊은 내면과 짝을 이룬다. 무엇보다도 소크라테스는 마르시아스가 아울로스를 연주하는 것보다 더 훌륭하게 말한다고 한다. 소크라테스가 말하는 것을 듣고 있으면 격렬한 종교의식인 코리반테스Korybantes 의식을 치르는 사람들보다도 훨씬 더 심장이 뛰고 눈물이 쏟아진다고 한다. 알키비아데스는 페리클레스의 연설을 듣고 훌륭하다고 생각했지만 소크라테스의 연설을 들을 때처럼 심장이 뛰고 눈물이 쏟아지지는 않았다고 한다. 페리클레스는 아테네 지도자로서 뛰어난 연설가요 바로 알키비아데스의 후견인이기도 했다. 심지어 알키비아데스는 소크라테스의 말을 듣고 있노라면 자신이 사람으로서 살 가치가 없다는 생각마저 든다고 한다. 알키비아데스는 소크라테스의 깊은 정신세계, 내적인 아름다움을 찬양하면서, 소크라테스가 다른 젊은이들과 함께 있게 되면 불타는 질투를 느꼈노라 고백한다.

알키비아데스는 소크라테스의 사랑을 차지하려고 두 가지 시도를 했다고 말한다. 1차 시도로 그는 소크라테스에게 운동하자고 청해서 함께 운동했다고 한다. 레슬링 같은 운동을 한 것으로 보이는데, 그러자면 벗은 상체를 맞대게 된다. 그렇게 해서도 자신이 원하는 것을 얻지 못했다고 한다. 2차 시도로 저녁 식사에 초대해서 밤이 깊도록 대화하고는 늦었다는 구실로 한 방에서 자게 한다. 알키비아데스는 소크라테스를 껴안고 밤새 누워있었지만 아침에 일어나보니 아버지나 형과 함께 잔 것과 전혀 다르지 않았다고 분개한다. 사랑하는 사이지만 알키비아데스가 바란 것과 소크라테스가 바란 것이 달랐던 것이다.

소크라테스는 시민의 의무를 다 하느라 세 차례에 걸쳐 전투에 참여한다. 이 세 전투는 모두 펠로폰네소스 전쟁의 일부였다. 『심포시온』에서 알키비아데스는 포티다이아Potidaia (혹은 Poteidaia) 전투와 델리온Dēlion 전투에서 소크라테스가 어떤 면모를 보였는지 증언한다. 또 『소크라테스의 변론』에서 소크라테스는 포티다이아, 델리온, 암피폴리스Amphipolis 전투에서 시민의 의무를 다 하였노라고 말한다. 소크라테스가 세 전투에 참여한 것은 노블레스 오블리주noblesse oblige에 해당한다고 할 것이다. 그런데도 아테네를 위험에 빠뜨린다고 고발되어 사형을 선고받은 것이다.

포티다이아는 헬라스 본토 북동부 칼키디케의 세 갈래로 뻗은 반도들 가운데 하나에 있던 폴리스이다. 포티다이아 전투는 펠로폰네소스 전쟁(기원전 431-404) 초기 아테네가 포티다이아를 포위 공격한 전투이다. 기원전 432년에 벌어진

이 전투에 소크라테스는 37세 나이로 참전한다. 포티다이아가 아테네로부터 상당히 많이 떨어져 있다 보니 이 전투에서는 보급이 원활하지 않았다고 한다. 알키비아데스가 전하는 바에 따르면 소크라테스는 음식과 관련하여 어쩔 수 없이 굶주리게 되었을 때 잘 견디고 보급이 재개되어 성찬을 대접 받을 때 제대로 즐길 줄 알았다고 한다. 또 술을 마시려 하지 않다가도 어쩔 수 없이 마시지 않을 수 없게 될 경우 모두를 제압했으며 취한 모습을 보인 적이 없다고 한다. 겨울 추위를 가장 잘 견디는 이도 소크라테스였다고 한다. 다른 병사들이 안에서 밖으로 나가려들지 않고 나가는 경우에는 있는대로 껴입고 발을 여러 겹 감싸고서야 나갔지만 소크라테스는 평소 입고 다니던 얇은 겉옷을 걸치고 신발도 신지 않은 맨발로 얼음 위를 걸어다녔다고 한다. 병사들은 소크라테스가 자기들을 무시한다며 못마땅하게 생각했다고 한다. 무엇보다도 소크라테스의 여러 별명 가운데 하나인 '골똘히 생각에 잠긴 자phrontistēs'와 연관된 일화에 주목할 필요가 있다. 어느 날 새벽부터 소크라테스는 서서 무언가를 골똘히 생각하기 시작했다. 정오가 지나고 저

녘이 되었다. 사람들은 언제까지 서서 생각하는지 지켜 볼 요량이었다. 소크라테스는 새벽이 되고 해가 뜰 때까지 서 있었다고 한다. 해가 뜨자 해에게 기도를 올리고서야 자리를 떴다고 한다. 그러니까 새벽에 시작해서 다음 날 새벽까지 하루 24시간을 꼬빡 한 자리에 서서 생각에 잠긴 것이다. 강철 체력과 정신력이다. 증언하는 알키비아데스와 직접적으로 연관된 사안도 있다. 어느 날 전투에서 소크라테스는 부상당한 알키비아데스를 구해주었다. 전투가 끝나고 있은 논공행상에서 소크라테스는 알키비아데스가 상을 받도록 한다. 실상 용맹을 떨친 것은 자신인데 알키비아데스에게 상을 양보한 셈이다.

델리온은 헬라스 중부 보이오티아Boiōtia의 북동 해안의 폴리스이다. 기원전 424년의 전투에 소크라테스는 45세 나이로 참전한다. 이 전투에서는 아테네가 보이오티아에 참패한다. 뿔뿔이 흩어져 무질서하게 퇴각하는 과정에서 소크라테스가 라케스Lachēs를 데리고 침착하고 용감하게 대처하는 장면을 일키비아데스가 말 위에서 안타깝게 지켜보았다고 한다. 플라톤 대화편 『라케스』에도 델리온 전투에서의 라케스와 소크라테스 사이 인연이 언급된다. 이 전투에서 소크라테스는 말에서 굴러떨어진 크세노폰을 구출했다고도 한다.

암피폴리스Amphipolis 전투는 『소크라테스의 변론』에서는 언급되나 『심포시온』에는 나오지 않는다. 암피폴리스는 칼키디케 곶에서 보아서 포티다이아보다 더 동쪽에 있던 폴리스이다. 같은 이름의 폴리스에서 두 차례 전투가 벌어져 소크라테스가 32세에 참전했다고 보는 쪽이 있고 47세에 참전했다고 보는 쪽도 있다. 기원전 422년의 암피폴리스 전투에서는 아테네의 클레온Klēon 장군이 이끄는 군대가 스파르타의 브라시다스 장군의 군대에 참패한다. 클레온이 진사하고 부상당한 브라시다스도 결국 사망한다.

우리가 어떤 사람을 판단하고 평가할 때 다른 사람과 비교하는 방식을 취할 수 있다. 이때 비교 대상으로는 옛 사람이 되기도 하고 지금 사람이 되기도 하고, 역사적 인물이 되기도 하고 작품 속 인물이 되기도 한다. 이를테면 아킬레우스가 어떤 사람인가 하는 것을 두고는 스파르타의 명장 브라시다스Brasidas나 다른 사람들과 비교해 볼 수 있을 것이다. 페리클레스가 어떤 사람인가를 두고는 네스토르Nestōr 나 안테노르Antēnōr와 비교할 수 있을 것이다. 네스토르는 트로이아 전쟁에 참전한 그리스 진영에서 최연장자요 지혜로운 자이면서 탁월한 웅변가이기도 하다. 안테노르는 트로이아 진영에서 나이가 많아 직접 전투에 참여하지 못하지만 지혜로운 웅변가로 이름이 높다. 독일의 철학자 가다머Hans-Georg Gadamer(1900-2002)는 3 세기에 걸쳐 살았다. 1901년에 20세기가 시작한다고 보니까 1900년 생인 가다머는 19세기, 20세기, 21세기를 산 셈이다. 그는 오랫동안 독일 철학계의 지혜로운 원로로 추앙 받았다. 그에게 붙여진 영예로운 호칭이 '독일 철학계의 네스토르Nestor der deutschen Philosophie'였다. 그러나 소크라테스의 경우에는 옛 사람이든 지금 사람이든, 역사적 인물이든 작품 속 인물이든 비교 대상이 없다. 비교 대상이 없는 사람 소크라테스, 그래서 알키비아데스는 아토피아atopia(범상치 않음)라는 단어를 떠올렸던 것이다.

고전 읽기의 즐거움 | 플라톤 『심포시온』

12

대단원의 막을 내리다

PLATON ***SYMPOSION***

갑자기 아주 많은 술꾼이 문 쪽으로 왔다가 누군가가 나가느라 문이 열린 것을 보고서는 곧장 들어와서는 침상들에 기대 누웠다고 한다. 이때부터 매우 소란스러워지고 질서라고는 없는 상태에서 많은 포도주를 마시도록 강요당했다고 한다. 그래서 파이드로스, 에릭시마코스 그리고 다른 몇몇 사람들은 떠나갔다. 아리스토데모스는 잠이 와서 한참 자다가 날이 밝을 무렵에 깨어났다고 한다. 깨어나서 보니 다른 이들은 이미 가버렸거나 자고 있는데, 세 사람만 큰 술잔phialē으로 포도주를 마시며 여전히 대화하고 있었다고 한다. 그 세 사람은 소크라테스, 아가톤, 아리스토파네스이다. 아리스토데모스가 기억하기로는 소크라테스가 동일한 사람이 비극 작가도 되고 희극 작가도 될 수 있다고 주장하며 비극 작가인 아가톤과 희극 작가인 아리스토파네스가 이에 동의하도록 압박하고 있었다고 한다. 그러니까 이 날 심포시온의 맨 마지막 대화 주제는 동일한 한 사람이 비극도 짓고 희극도 짓는다는 것이 가능한가 하는 것이었던 셈이다. 셋 가운데 아리스토파네스가 먼저 잠들고, 그 다음으로는 아가톤이 이미 날이 밝았을 때 잠들었다고 한다. 홀로 남은 소크라테스는 리케이온으로 가서 몸을 씻고서 여느 때 하루를 보내듯 하고는 저녁때 집으로 갔다고 한다. 이로써 『심포시온』 175e "디오니소스를 심판관으로 하여"의 이중적 의미 가운데 두 번째 판정이 마침내 내려졌다. 아가톤 집에서 벌어진 심포시온에서 가장 늦게까지 깨어 있던 자이자 가장 술이 센 자는 소크라테스였다.

『리시스』에서도 소크라테스가 아카데미아에서 리케이온으로 가고 있는 장면이 나온다. 『리시스』의 첫 문장은 다음과 같다. "아카데미아에서 리케이온으로 바로 성벽 아래로 성벽 바깥 길을 가고 있었네." 초저녁에 시작한 심포시온이 파하고 다음날 아침이 되어서 리케이온으로 가서는 여느 때처럼 하루를 보냈으니 한 숨도 자지 않은 셈이다. 소크라테스는 창백하고 허약한 지식인이 아니다. 깊은 정신 세계는 말할 것도 없지만 강인한 체력을 보유하고 있었다. 플라톤은 강한 육체와 아름다운 혼을 겸비한 소크라테스를 우리에게 보여준다.

참고문헌

권창은·강정인, 『소크라테스는 악법도 법이라고 말하지 않았다』, 고려대학교출판부, 2005.

김주일, 『소크라테스는 '악법도 법이다'라고 말하지 않았다』, 프로네시스, 2006.

루, 매리노프, 『철학으로 마음의 병을 고친다』, 이종인 옮김, 해냄, 2000.

르노, 클로드 퓌자드, 『플라톤은 아팠다』, 고재성 옮김, 푸른숲, 2000.

마르틴, 고트프리트, 『대화의 철학 소크라테스』, 이강서 옮김, 한길사, 2004.

______, ________, 『진리의 현관 플라톤』, 이강서 옮김, 한길사, 2004.

박종현, 『희랍사상의 이해』, 종로서적 1982.

______, 『플라톤 - 메논, 파이돈, 국가』, 서울대학교출판부, 1987.

______, 『헬라스 사상의 심층』, 서광사, 2001.

예거, 베르너, 『파이데이아』 1, 김남우 옮김, 아카넷, 2019.

이강서, 「플라톤의 PAIDEIA 이념」, 2000, 대동철학 제8집.

______, 「exoterika와 esoterika : 희랍철학의 두 통로」, 범한철학 제24집, 2001.

______, 『생각하고 토론하는 서양철학 이야기』 1(고대-서양철학의 탄생), 책세상, 2006.

______, 「튀빙엔 학파 : 연원과 쟁점」, 범한철학 제64집, 2012.

______, 『죽음을 생각한다는 것』, 도서출판 모시는사람들, 2015.

______, 「사랑이 모든 것을 이긴다」, 『고전에 비추어보다』, 심미안, 2017.

______, 「플라톤의 편지 지중해를 건너다」, 『마음으로 닿기를 ... 편지』, 심미안, 2019.

플라톤, 『국가·정체』, 박종현 옮김, 서광사, 1997.

______, 『법률』, 박종현 옮김, 서광사, 2009.

______, 『소크라테스의 변명』, 강철웅 옮김, 이제이북스, 2014.

______, 『에우티프론, 소크라테스의 변론, 크리톤, 파이돈』, 박종현 옮김, 서광사, 2003.

______, 『편지들』, 강철웅·김주일·이정호 옮김, 이제이북스, 2009.

______, 『플라톤의 법률』 1, 2, 김남두 외 5인 옮김, 나남, 2018.
______, 『파이돈』, 전헌상 옮김, 이제이북스, 2013.
______, 『향연, 파이드로스, 리시스』, 박종현 옮김, 서광사, 2016.
______, 『향연』, 강철웅 옮김, 이제이북스, 2010.
헬트, 클라우스, 『지중해 철학기행』, 이강서 옮김, 효형출판, 2007.
호메로스, 『일리아스』, 천병희 옮김, 숲, 2007.
Burkert, W., *Greek Religion*, Oxford 1985.
Diogenes Laertius, *Lives of Eminent Philosophers*, Cambridge, Mass. : Harvard University Press, 1925.
Dover, K.J., *Greek Homosexuality*, Cambridge 1978.
__________, *Plato : Symposium*, Cambridge 1980.
Friedländer, P., *Plato 2*, New York 1964.
____________, *Plato 3*, London 1969.
Guthrie, W.K.C., *A History of Greek Philosophy*, Cambridge, 1978.
Hamilton, E and Cairns, H., *Plato : The Collected Dialogues*, Princeton, 1961.
Hamilton, W., *Plato : The Symposium*, London, 1951.
Hunter, R., *Plato's Symposium*, Oxford 2004.
Jaeger, W., *Paideia*, Berlin, 1947.
Lamb, W.R.M.(tr.), *Syposium in Plato*, Mass. : Harvard University Press, 1925.
Reinhardt, K., *Platons Mythen*, Bonn, 1927.
Rosen, S., *Plato's Symposium*, Yale University Prees, 1987.
Shorey, P., *What Plato Said*, Chicago 1933.
Waterfield, R.(tr.), *Plato : Symposium*, Oxford 1994.
Westerink, L.G.(ed.), *Olympiodoros, Commentary on the First Alcibiades of Plato*, Amsterdam, 1956.
Wilamowitz-Moellendorff, U. von, *Platon : Sein Leben und seine Werke*, Berlin 1959.
Ziegler, K. and Sontheimer, W., *Der Kleine Pauly* 1-5, Müünchen 1979.